Infi deli dad

Demián Bucay

Infidelidad

Nuevas miradas para un viejo problema

OCEANO

INFIDELIDAD
Nuevas miradas para un viejo problema

© 2019, Demián Bucay

Publicado según acuerdo con UnderCover Literary Agents

Diseño de portada: Estudio Sagahón / Leonel Sagahón
Fotografía de Demián Bucay: cortesía del autor

D. R. © 2019, Editorial Océano de México, S.A. de C.V.
Homero 1500 - 402, Col. Polanco
Miguel Hidalgo, 11560, Ciudad de México
info@oceano.com.mx

Primera edición: 2019

ISBN: 978-607-527-966-4

Impreso en México / Printed in Mexico

Agradecimientos

A Fabiana, por su disposición a acompañarme en este arriesgado proyecto.

A Fabiana, por su lectura atenta y minuciosa del texto.

A Fabiana, por sus observaciones y correcciones.

A Fabiana, por sus anónimas contribuciones.

A Fabiana, por despejar mis dudas y detener mis vacilaciones.

A Fabiana, por los mates dejados a un lado de la notebook.

A Fabiana, por la paciencia.

A Fabiana, por soportar estar casada con alguien que escribe un libro como éste.

A Fabiana, por hacerlo siempre con convicción y coraje.

A Fabiana, por las innumerables cosas que nada tienen que ver con este libro, pero todo que ver con la vida.

Índice

TERCERA PARTE: DESPUÉS

Introducción

Conozco una pareja.

La conozco con muchos nombres, con múltiples rostros. En diversos países y en varias culturas. La conozco con géneros intercambiados y con igualdad de géneros. La he encontrado entre aquellos con facilidades económicas así como entre los que pasan apuros monetarios. Entre los conservadores y entre los progresistas. Entre los ingenuos y entre los cultivados...

Ésta es su historia:

Arce y Fresno conviven desde hace varios años. Tienen niños pequeños.

Comparten el día a día y se llevan bastante bien. No discuten a menudo y colaboran, cada uno aportando lo suyo, al mantenimiento del hogar y de la familia. Se divierten juntos y comparten buenos momentos. Se acompañan cuando las cosas no van del todo bien y cada uno sabe que puede contar con el otro.

Sin embargo, Arce se aburre un poco. No así Fresno. Arce siente que la pasión sexual ya no es lo que era, ni en frecuencia ni en intensidad. Extraña la sensación de arrebato que alguna vez sintió.

Un día, Arce cree ver en Álamo, alguien con quien trabaja y que siempre ha llamado su atención, una muestra de interés. Una mirada, un comentario halagador. Gestos que dejan ver una intención. De pronto, Arce siente un nuevo vigor y algo de inquietud. Es lo que produce saber que otro te desea. Ese día, Arce regresa a casa de muy buen humor, rebosante de energía.

En cada nuevo encuentro con Álamo, la relación se profundiza. Hablan. Coquetean. Todo es nuevo, excitante. Arce pronto se descubre mirando con fijeza a los ojos de Álamo; pensando, cuando está en casa, en los momentos que han compartido.

Una tarde, las circunstancias confluyen y se encuentran solos. Arce y Álamo se besan. Alguno de los dos propone ir a "otro lado", el otro acepta. En el camino, Arce se siente culpable pero la pasión puede más y sigue adelante. Tienen sexo. Arce vuelve a su casa.

Semanas después, por puro azar, Fresno se entera de lo sucedido entre Arce y Álamo. Le dice que no pueden seguir juntos: me has sido infiel, jamás podré volver a confiar en ti. Arce acuerda con tristeza, piensa que se lo merece. Tal vez sea lo mejor, se dice, tal vez ya no ama a Fresno.

Se separan. Los niños lloran. Ellos lloran. Son civilizados, se turnan los hijos, ambos los pierden en igual medida. Dividen los bienes: lo que antes alcanzaba para un hogar no cubre los gastos de dos. Hay tironeos por el dinero. Conflictos por las decisiones que, pese a la separación, deben continuar tomando en conjunto. Se generan rencores y distancias. Se sienten solos.

Con variantes, he visto esta situación repetirse muchas veces. Y en ningún caso he podido dejar de preguntarme: ¿no han pagado un precio demasiado alto? ¿No han acabado peor que lo que estaban? ¿No han menospreciado lo que tenían porque no respondía a un ideal forjado en no sé qué templo de la sagrada pareja?

Estos casos y estas preguntas fueron los que motivaron mis primeras cavilaciones e indagaciones sobre la infidelidad y sus consecuencias. Luego, la insistente aparición de diversos casos de infidelidad en mi consultorio, casi siempre acompañados de un profundo sufrimiento, fue dando forma a interrogantes más grandes:

¿Por qué la infidelidad resulta tan devastadora?
¿Es necesariamente fulminante?
¿Es acaso evitable?
¿Hay algo que podamos hacer para lidiar mejor con la perspectiva de la infidelidad y, llegado el caso, con su comprobación?

El intento de responder estas preguntas me ha conducido más lejos de lo que anticipaba. Me ha adentrado en un terreno que no sería desacertado calificar como inquietante. Las conclusiones a las que he llegado no son las que el sentido común (al menos el mío) hubiera señalado ni aquellas a las que hubiera preferido arribar.

Hubiera querido encontrar razones para defender la fidelidad y convencernos de que es un valor que vale la pena sostener. Hubiera querido desandar los juicios morales y hallar otros que nos invitasen a respetar la fidelidad, no porque es lo que debe hacerse sino, esta vez, porque comprendiéramos qué es lo mejor para nuestro crecimiento como individuos, como parejas y como compañeros...

Sin embargo, la tarea ha demostrado no ser tan sencilla.

Por eso te pediré que, mientras lees este libro, hagas el mismo ejercicio que tuve que hacer mientras lo escribía: un ejercicio de templanza. Consiste en no precipitarse en juicios tajantes, en soportar algunos cuestionamientos incómodos, en resistir la tentación de usar la moral como escudo o, peor aún, como arma. Tal vez, luego de atravesar las arenas movedizas, lleguemos juntos a un lugar no del todo desagradable.

PRIMERA PARTE

Antes

CAPÍTULO 1

El dogma de la fidelidad

Reflexionar sobre la fidelidad (y más aún sobre su reverso, la infidelidad) requiere coraje. Se corre siempre el riesgo de ser catalogado, según lo que se opine, de moralista y timorato o, en el otro extremo, de inmoral y desconsiderado.

Las emociones que el tema pone en juego son poderosas y la furia de los que se sienten tocados clama por una condenación.

Por lo común, no somos tibios a la hora de opinar sobre la infidelidad. Las frases categóricas suelen salir a la luz:

- Es algo imperdonable.
- De eso no hay retorno.
- El infiel es un malvado.
- Una vez infiel, siempre infiel.
- Se busca afuera lo que no se tiene en casa.
- El que perdona una traición no tiene dignidad.

Éstas y muchas otras sentencias terminantes rondan el aire cuando hablamos del tema.

Desde que comencé a pensar, investigar y, luego, hablar sobre la infidelidad he recibido mi buena ración de acusaciones e improperios. Y eso sin adoptar una postura evidentemente polémica; sólo cuestionar algunos supuestos acerca del asunto ha sido suficiente. Las acusaciones o descalificaciones han venido desde el otro lado de la mesa en cenas compartidas con conocidos, desde el auditorio en conferencias que trataban o rozaban el tema y, por supuesto, a través de las redes sociales...

Lo entiendo.

Es lógico que suceda: la fidelidad en la pareja (entendida sencillamente y por ahora como la exclusividad de compañeros sexuales) es uno de los valores fundamentales alrededor del cual se ha formado, para nuestra cultura occidental y moderna, la mismísima idea de lo que una pareja es; y por eso aparece como algo intocable, sagrado, que no puede siquiera ponerse en discusión.

¿Qué semillas estaremos sembrando si nos atrevemos a cuestionar este valor fundamental?

Tabú religioso

La prohibición de la infidelidad es explícita en todas las grandes religiones del mundo; tanto el cristianismo como el judaísmo, el hinduismo y el islamismo la condenan con la mayor de las severidades. Para todas ellas el adulterio está clasificado entre los actos más atroces que las personas pueden cometer.

Irónicamente, si ningún otro mérito conseguimos hallarle a la infidelidad, habremos de reconocerle éste: haber conseguido poner de acuerdo al menos en un punto a estas ideologías que parecen pelearse por todo lo demás...

En el Antiguo Testamento[1] la prohibición figura, como es sabido, entre los diez mandamientos que Jehová le entrega a Moisés: *No cometerás adulterio*. En la lista figura justo luego de *No matarás* y antes de *No robarás*. ¿Será ese lugar indicativo de una escala moral? ¿Será la infidelidad para el judaísmo un poco peor que robar pero un poco menos malo que matar?

El Nuevo Testamento, lejos de moderar la sanción sobre la infidelidad, expande el abanico de a quiénes debería aplicársele. En el texto de Mateo,[2] Jesús sostiene:

> Aquel que mira con codicia a una mujer, ya ha cometido adulterio con ella en su corazón.

No deja dudas tampoco de cómo lidiar con esta nueva y más escurridiza amenaza, no ya del acto sino del pensamiento:

> Si tu ojo derecho te hace pecar, arráncatelo, pues es preferible perder un miembro y no todo tu cuerpo en el infierno.

La tradición islámica parece estar de acuerdo con la severidad de Jehová sobre el asunto. En el *Sahih Al-Bujari*,[3] uno de los textos más respetados por los musulmanes luego del Corán y la Sunna, un hadiz (pequeño diálogo que narra los dichos de Mahoma) relata el encuentro entre Ben Masud y el profeta:

—¿Cuál es el pecado más grave? —preguntó Masud a Mahoma.

—Adorar a otro dios que Alá —dijo Mahoma—. Sólo él es el creador.

—¿Y cuál le sigue? —quiso saber Masud.

—Matar a un hijo de Alá por temor a que no haya comida para ambos.

—¿Y luego de ése? —prosiguió Masud.

—Cometer adulterio con la mujer de tu vecino —dictaminó Mahoma.

Otra vez ahí. Al ladito de matar.

Indudablemente estamos hablando de cosas serias.

Algunos autores sugieren que esta condena radical sobre la infidelidad es un rasgo común y fundamental de todas las religiones monoteístas. Tendría su lógica... después de todo ¿no es la prohibición de adorar a otro dios una demanda de fidelidad? ¿Acaso no es "soy único, no ames a otro" lo que tanto Jehová como Alá dicen de alguna manera, como podrían hacerlo un par de esposos un tanto posesivos? ¿Por qué habría Dios de consentir en el amor entre personas lo que no consiente en el amor hacia él? Si ser infiel está entre los peores pecados, el peor de todos, el más imperdonable, es serle infiel a él. Al menos Jehová lo reconoce. En el Éxodo, luego de explicitar la prohibición, dice:

—Soy un dios celoso.

Sin embargo, la condena de la infidelidad no es patrimonio exclusivo de los credos monoteístas. El hinduismo, por ejemplo, es menos directo en la prohibición pero el mensaje sigue siendo el mismo. El *Bhagavad-Gita*,[4] probablemente el texto más importante de ese credo, reproduce el diálogo entre Arjuna y Krishna (un avatar del dios Vishnú) en la antesala de la batalla que el primero está por dar contra sus propios primos.

En un pasaje, el propio Krishna señala el camino hacia la virtud:

Tres son las puertas del infierno donde uno perece:
la pasión sexual, la ira y la codicia.

Arjuna se debate... ¿debe matar a aquellos que pervierten a sus familias y su pueblo con sus conductas permisivas, llevándolos a todos a la perdición?

> Cuando el pecado predomina,
> las mujeres de la familia se depravan y surge la mezcla de las castas.
> Tal mezcla asegura el infierno.

Sorprendentemente tal vez, Krishna le aconseja a Arjuna que deje todas sus cavilaciones de lado, que cumpla con su deber, que haga lo que tiene que hacer y termine con esos impíos de una vez por todas.

Infidelidad y ley

La condena de la infidelidad no se limita al ámbito religioso. La mayoría de los sistemas legales, tanto de Occidente como de Oriente y tanto antiguos como modernos, contemplaron en algún momento, la figura del adulterio como delito y establecieron penas diversas por cometerlo.

La prohibición se explicita ya en uno de los primeros conjuntos de leyes escritos: el código de Hammurabi.[5] Allí se establecía que si una esposa era encontrada yaciendo con un hombre que no fuese su marido debía atarse a ambos, juntos, de pies y manos, y arrojarlos al río. Supongo que el castigo se rige, al igual que el resto del código, por la ley del Talión: si su crimen es estar juntos, estar juntos (y así morir) será su castigo.

Aun hoy, existen sitios en los que la infidelidad es duramente penada por la ley.[6]

En los casos más extremos, la condena por una infidelidad

puede ir desde recibir cien latigazos (si los involucrados no están casados) hasta una sentencia de muerte por lapidación o ahorcamiento (si lo están).

En algunos países asiáticos, la infidelidad fue hasta hace poco un delito tipificado en el código civil, penado con multas y hasta prisión. En las últimas décadas, los países de la región fueron despenalizando el adulterio, cada uno a su manera y a su tiempo (entre los más recientes en hacer esta reforma están Corea del Sur,[7] en 2015, e India,[8] en 2018).

Todo esto puede sonarnos muy lejano y hasta barbárico a quienes vivimos inmersos en nuestra cultura occidental. Pero podemos encontrar, en legislaciones más cercanas, versiones moderadas de la misma ideología. En varios territorios de Estados Unidos (principalmente los del sureste y, notablemente, Nueva York) la infidelidad sigue siendo un delito; aunque no se han realizado condenas por ello desde hace casi cincuenta años.[9]

En Europa, en cambio, no restan ya países que penalicen legalmente el adulterio. Los países de América Latina se han ido plegando sucesivamente a ese movimiento a partir del comienzo del milenio. México, por ejemplo, donde la infidelidad podía recibir penas de hasta dos años de cárcel, lo hizo en 2011.[10] En Argentina, el deber de fidelidad en el matrimonio fue removido del código civil en la reforma de 2015,[11] permaneciendo sólo los de asistencia y alimentos. Desde entonces, en nuestros países, la comprobación de una infidelidad no constituye una falta legal para con el cónyuge y no requiere, por ende, compensación alguna ni implica condiciones desiguales frente a un acuerdo de divorcio.

Cabe mencionar que en Argentina se mantuvo en el texto de la ley una referencia a la fidelidad como un deber moral. Lo cual resulta llamativo: si se habla de una cuestión moral... ¿por qué debería estar en el código civil?

Veredicto final

De todas maneras y más allá de las prohibiciones religiosas o legales, no puede caber duda alguna de que **el tabú que más pesa sobre la infidelidad es el del juicio moral y social.** Es el de esa voz que todos (o casi todos) tenemos dentro de nuestra cabeza y que nos dice, sencilla pero incuestionablemente: ESO NO SE HACE.

La mayoría de los estudios[12] muestran que, en Occidente, cerca de 80% de las personas piensa que la infidelidad está "Siempre mal", independientemente de las circunstancias particulares de cada caso. Al otro lado del mundo, estudios realizados en China[13] arrojan resultados similares: casi 75% de la gente sostiene que la infidelidad es "completamente inaceptable".

Por una vez, el dicho tiene sentido:

—Ser infiel está mal. Aquí y en China.

CAPÍTULO 2

Situación actual

Sería lógico que la perspectiva de sufrir todas las represalias desagradables que mencioné en el capítulo anterior terminara por disuadir a las personas de ser infieles... pero todos sabemos que eso no sucede. Que infidelidades hubo, hay y habrá, probablemente siempre.

Ni la ira de Dios, ni la perspectiva del infierno, ni la amenaza de la cárcel, las multas o los castigos físicos han sido suficientes para calmar el ardor que en ocasiones lleva a personas de todas las culturas, desde las más liberales a las más conservadoras, a buscar el amor o la pasión en otros brazos que aquellos a los que se han prometido.

Ni siquiera en aquellas tierras en las que el peligro que acecha a los adúlteros es la muerte, la infidelidad ha sido erradicada. No lo ha conseguido la muerte despiadada que dictaminan y ejecutan quienes se proclaman guardianes de la moral y de la palabra divina. Tampoco la muerte fortuita que siempre sobrevuela los encuentros clandestinos en algunas ciudades de África[1] en las que uno de cada cinco adultos porta el VIH y en las que el acceso a los tratamientos antirretrovirales está vedado a la mayoría.

La más moderada pero muy real posibilidad con la que se enfrentan los adúlteros de Occidente, es decir, la de perder la pareja y la familia y ser etiquetados como alguien despreciable, tampoco ha conducido a las personas a abandonar la práctica de la infidelidad.

Las estadísticas así lo confirman.

¿Cuánta gente es infiel?

Los estudios más rigurosos[2] indican que aproximadamente uno de cada cuatro hombres y una de cada cinco mujeres admiten (en forma anónima) haberle sido infiel a su pareja actual.

Hay quienes critican estos números y suponen que en la realidad los porcentajes son mayores. Es posible: aun cuando se trate de cuestionarios anónimos se comprende que muchas personas puedan ser reacias a confesar una infidelidad.

Algunos han dirigido entonces la pregunta a los terapeutas, una supuesta fuente de información más confiable respecto de los secretos más íntimos de la gente. Al parecer, los indiscretos terapeutas consultados sostuvieron que cerca de tres cuartas partes de sus pacientes eran infieles. Tampoco esa cifra me parece un reflejo fiel de la realidad: creo que es un tanto exagerada.

Es probable que conocer la prevalencia exacta de la infidelidad sea una tarea imposible. Tanto por la ya mencionada reticencia de los encuestados como porque la cifra dependerá, en gran medida, de cómo definamos *infidelidad*, y eso, como discutiremos en un próximo capítulo, no es una labor sencilla.

De todos modos, en ocasiones me pregunto...

¿Qué importancia tiene realmente qué porcentaje de personas son infieles?

¿Qué buscamos cuando queremos ávidamente conocer la cifra?

¿Preferiríamos un número abultado, para no sentirnos solos en nuestra desgracia real o imaginada? ¿O más bien quisiéramos que la infidelidad afectara a una pequeña cantidad de almas penantes, para alejar la posibilidad de tener que contarnos entre los infortunados?

Infidelidad y género

Una cuestión interesante que las estadísticas evidencian es que el porcentaje de hombres infieles se ha mantenido bastante estable desde los primeros estudios sobre sexualidad humana (aquellos conducidos por el renombrado Alfred Kinsey en las décadas de 1940 y 1950), mientras que el porcentaje de mujeres infieles ha ido aumentando sostenidamente desde entonces.[3] Así, la brecha entre ambos ha ido acortándose y, no tengo dudas, continuará haciéndolo hasta equipararse tarde o temprano.

Otra comprobación de la misma tendencia surge de estudios recientes conducidos en universidades:[4] cuando los consultados son los jóvenes de hoy la diferencia entre los porcentajes de infidelidad de los hombres y los de las mujeres es muchísimo menor.

Esto nos enseña algo importante: **la infidelidad no es un problema de género.** Cualquier conclusión que pueda hacerse del estilo: "los hombres son más infieles", "las mujeres perdonan menos", "los hombres buscan sexo, las mujeres afecto", es falaz. Nada intrínseco hay en la biología, ni en la psicología, ni en la moral de hombres o mujeres que condicione una determinada actitud hacia la infidelidad.

Si algunas diferencias en la frecuencia de ciertas conductas todavía se observan, obedecen a los prejuicios que solemos tener respecto de lo que un hombre o una mujer deben hacer o, incluso, querer. En la medida en que vamos avanzando como sociedad, en la medida en que nos deshacemos de esos prejuicios y que el género deja de ser un corsé que constriñe nuestra libertad, se revela que la problemática de la infidelidad no es un producto de la "batalla de los sexos" sino, en todo caso, algo que surge del modo en que las personas tenemos de estar en pareja.

Si la infidelidad fuera un efecto de la desigualdad entre los géneros, entonces en los sectores que más han avanzado sobre la igualdad, la infidelidad masculina debería descender a los niveles de la infidelidad femenina. Lo que se comprueba es lo opuesto: en las poblaciones con mayor igualdad de género, la infidelidad femenina sube hacia los valores de la masculina. Conclusión: lo que es producto del sometimiento de la mujer es la fidelidad femenina, no la infidelidad masculina. Pues bien, si un mayor índice de infidelidad femenina es el precio de una mayor igualdad, bienvenido sea.

Esto nos deja frente a la perspectiva de que el "problema" de la infidelidad no se agotará como consecuencia de resolver las diferencias de género. Tendremos que ocuparnos de ello por otras vías.

CAPÍTULO 3

Consecuencias de la infidelidad

Como están dadas las cosas, la infidelidad parece causar estragos: separaciones, divorcios, ira, rencor, resentimiento, celos, sospechas…

Separaciones, elegidas y no tanto

Una de cada tres parejas tendrá que vérselas, en algún momento de su historia, con una crisis provocada por la infidelidad de alguno de los dos. Una gran parte de ellas (aunque no la mayoría) terminará por separarse.

De las múltiples causas que pueden llevar a una pareja (casados o en concubinato) a la disolución, la infidelidad es la que da cuenta, por sí sola, de un mayor número de casos: alrededor de 20% de las parejas que se separan lo atribuyen a una infidelidad.[1]

En ocasiones, un solo acto de transgresión conduce a una pareja a un final que ninguno de los dos puede evitar, por más que lo desee. Todo sucede como si los hechos formasen parte de uno de esos circuitos construidos con dominós, en los que al empujar el primero, se desencadena una secuencia que termina siempre por tirar al último.

Roble y Ciprés están en pareja desde hace un año. Su relación parece soñada. Por años cada uno ha estado en la vida del otro. Han sido compañeros en la escuela, luego amigos, luego cómplices. Finalmente, se atrevieron a confesarse que, además de la profunda amistad que los unía, sentían otras cosas. Desde entonces su relación ha sido poco menos que un idilio, es el comentario (y muchas veces la envidia) de quienes los conocen.

Un día tienen una pelea. Una importante, relacionada con la idea que cada uno tiene del futuro que planean construir juntos. No consiguen llegar a un acuerdo y Roble se marcha de la casa de Ciprés dando un portazo. Se va a un bar. Siente angustia y algo de rabia: Ciprés está siendo irrazonable, se dice. Toma un par de tragos. Tal vez eso ayude. Se emborracha un poco.

En eso está cuando se le acerca Caoba, quien ha reconocido a Roble.

—¡Hola! —saluda Caoba con vivacidad—. ¿Qué haces por aquí?

Roble reconoce al instante las intenciones de Caoba; siempre las ha tenido.

Al principio, Roble intenta evitar el acercamiento. Pero Caoba le muestra un interés que, en este momento, Roble anhela poder causar. Bailan. Roble se pierde entre la música, las luces, el alcohol y el seductor cuerpo de Caoba. Pasan la noche juntos.

Ni bien despierta, Roble quiere desaparecer. Se viste, agarra sus cosas y se va. Lo único que quiere es arreglar las cosas. Más tarde va a casa de Ciprés, pero le aguarda una sorpresa: Ciprés sabe de lo sucedido con Caoba; alguien más los ha visto en el bar y se lo ha contado.

—No puedo creerlo —le dice con dolor.

—Fue una tontería, había tomado, sentía rabia...

Hablan, lloran juntos, se dicen mutuamente que se aman. Tienen sexo con pasión, con ternura, con avidez. Duermen un poco. Roble piensa que todo ha pasado, que lo han superado. Ciprés se levanta y dice:

—Quiero que te vayas. No quiero verte más.

—Pero... perdóname.

—No puedo. No eres quien yo pensé.

—No entiendo...

—Yo pensé que eras alguien que nunca iba a lastimarme.

Quizá, más lamentable aún que la gran cantidad de parejas que se separan a causa de una infidelidad, sea la cantidad de parejas que lo hacen sin quererlo del todo.

Mi impresión es que, en un gran número de casos, la ruptura propulsada por una infidelidad no acaba de responder a un verdadero deseo, por parte de uno u otro, de seguir caminos separados. Otros factores se involucran y empujan hacia la separación. En ocasiones son nuestros propios ideales los que nos hacen sentir que no tenemos otra opción, en ocasiones es el entorno el que presiona en ese sentido y, muchas veces, es la imposibilidad de canalizar las propias miserias la que termina por ganarnos la contienda. Intentaré diseccionar estos factores en mayor detalle a lo largo del libro pero, por ahora, quedémonos con esto: pareciera que el descubrimiento de una infidelidad nos obligase a separarnos. Es mi convicción, sin embargo que, cuando menos, no debería ser automático. No deberíamos separarnos sin comprender las razones que hay para preferir irse a quedarse, así como las que podría haber para preferir lo contrario.

Ira, desconfianza y otras delicias

En la cuenta de los damnificados por la infidelidad están no sólo aquellas parejas que se separan después de que el episodio sale a la luz, sino también los innumerables casos en los que la pareja no se disuelve, pero queda profundamente dañada por el suceso.

A menudo las secuelas del episodio derivan en un padecimiento que los acompaña a ambos de allí en más. Tanto aquel que comete la infidelidad como aquel que la sufre viven marcados por el evento:

> *Cerezo y Laurel conviven desde hace veinte años. Criaron juntos al hijo que Cerezo había tenido con una pareja anterior. El muchacho a la larga creció y emigró a otra ciudad. Desde entonces viven los dos solos, en una casa en el campo, trabajando juntos y compartiendo no pocos tiempos de ocio.*
>
> *Cerezo con frecuencia le pregunta a Laurel:*
> *—¿Tú me engañas?*
> *No es que tenga verdaderas dudas, pero le gusta recibir la confirmación:*
> *—Por supuesto que no.*
> *Un día, sin embargo, frente a la usual pregunta, Laurel responde distinto:*
> *—Tengo que decírtelo. No lo tolero más…*
> *—¡¿Qué estás queriendo decir?! —dice Cerezo con*

exasperación, el rostro contraído, el cuerpo tenso tirado hacia atrás, y a la defensiva.

—Tuve una historia con otra persona. Pero ya la terminé...

—¡¿Qué?! ¡¿Con quién?! ¡Basura!

Laurel confiesa que se trata de Sauce, alguien que trabaja con ellos.

—¡¿Desde cuando?! —demanda saber Cerezo—. Habla, mierda.

—Duró unos meses, pero ya pasó...

—¡¡Unos meses!! ¡Y yo todo este tiempo sin saber nada! Me tomas de idiota. ¡¡No te importa nada!!

—No es así, me importa. Me sentía culpable, no quería mentirte más... por eso te lo conté.

—¡A mí qué me importa que te sintieras culpable! ¿Qué quieres, que te agradezca? Eres una porquería de persona. ¡Basura! ¡Anda, vete con Sauce y que sean muy felices! Dos mierdas juntos...

Y así sigue. La furia de Cerezo es imparable.

Laurel se va de la casa por un tiempo. Vive en cualquier sitio, en condiciones paupérrimas. Se deprime. Le angustia la posibilidad de perder a Cerezo: ha arruinado la vida de ambos y se recrimina por ello. Llama a Cerezo, le dice que quiere regresar a la casa, que se arrepiente de lo sucedido, que fue un error...

Cerezo acepta; después de todo, también ama a Laurel. Su ausencia en la casa le resulta insoportable. Laurel regresa, llora. Cerezo mantiene cierta distancia. Luego, poco a poco, las cosas van volviendo a su curso normal. Las rutinas parecen asentarse de nuevo. Hasta se divierten y eso los lleva a la cama. Pero en cuanto

CONSECUENCIAS DE LA INFIDELIDAD

se desnudan, Cerezo no puede apartar de su mente las imágenes de Laurel y Sauce...

—¿Esto es lo que hacían juntos? —comenta, por ejemplo, con ironía—. ¿Qué le gusta a Sauce? ¿Romántico o duro?

Laurel no sabe qué responder, qué decir, y los encuentros terminan por diluirse. Siguen luego algunos días de tranquilidad... pero los coletazos del affaire reaparecen en las situaciones menos esperables. Cualquier cosa puede llevar a Cerezo a sentir un punzante dolor y desencadenar su cinismo:

—¿Venías a este restaurante con Sauce?

—¿Qué sabor de mermelada prefiere?

—Seguro que tiene los pies helados.

—¡¿Cómo pudiste?! ¡Con Sauce!

La cotidianeidad se ha vuelto una constante amenaza. La calma alterna con frecuentes peleas o con un silencioso rencor. Laurel vive con arrepentimiento y temor; Cerezo, en constante estado de crispación. No quieren separarse, pero no consiguen salir de este círculo.

La ira no es la única secuela que sufren las parejas que continúan juntas luego de una infidelidad. En algunas ocasiones es el rencor la marca principal que el episodio ha dejado, con su consecuente rastro de amargura y distancia.

En otras, es la desconfianza lo que se instala, que lleva al control y al pedido de pruebas.

Por último, está la vergüenza que, más allá de lo que sucede entre los involucrados, les dificulta dar la cara al entorno que los rodea y, no pocas veces, los juzga.

He visto también muchas veces parejas en las cuales todo

parece haber vuelto a su cauce normal, pero uno, el otro o ambos guardan algún secreto dolor, una silenciosa herida que ya no sangra pero sigue, algunos días menos y otros más, punzando.

A mí no podría pasarme... ¿o sí?

Finalmente, la infidelidad tiene consecuencias para todos los que estamos en una relación romántica (o pretendemos estarlo), aunque nunca nos toque atravesarla de modo directo.

Aun cuando nunca hayamos vivenciado el engaño de un lado ni del otro, la infidelidad es un fantasma que sobrevuela toda relación amorosa. La perspectiva de sufrirla o cometerla, siempre está presente.

Ésta puede ser una afirmación inquietante. Quienes han intentado ahuyentarla bajo el modo de pensar "A mí no podría pasarme" con frecuencia acaban por llevarse grandes sorpresas. Es más, la creencia de que mi pareja "jamás podría serme infiel" podría ser una forma de desvalorización y acabar promoviendo una infidelidad motivada por la búsqueda de esa valoración.

Atención: no estoy diciendo que no se pueda confiar en que mi pareja "no me sería infiel", pero eso es muy distinto a pensar que "no podría serlo".

Si mi pareja es alguien atractivo y deseable para mí, es razonable suponer que lo sea para otros también. Recibirá en su vida más de una propuesta y podría aceptarlas. Claro que podría. Que lo haga o no, que lo desee o no, es otra cuestión.

En el otro extremo de aquellos que reniegan de la siempre presente posibilidad de engañar o ser engañados, tenemos a quienes ven esta amenaza en todos lados. Una infidelidad supuesta puede tener efectos tan devastadores como una comprobada:

Olmo y Nogal están viendo la televisión desde su cama.

—¿Puedo usar tu teléfono? —le pregunta Olmo a Nogal—. Quiero buscar una noticia.

—Sí, sí —dice Nogal—. Úsalo.

Mientras Olmo lo sostiene en sus manos, llega al teléfono de Nogal un mensaje de texto que aparece en la pantalla. Proviene de un número desconocido y dice:

Se pudrió todo en casa. No me llames más al número de siempre. Llámame al 893X23.

Olmo se incorpora, endereza su espalda y, sin soltar el teléfono se lo enseña a Nogal:

—¿Qué es esto?

Nogal lee el mensaje y dice:

—No tengo ni idea, eso no es para mí.

—Dime quién es.

—Te estoy diciendo que no sé. Alguien que se equivocó de número.

—¡Claro! —se burla Olmo—. ¿Crees que soy imbécil? Dime la verdad —demanda.

—¡Te estoy diciendo la verdad!

Por más que Nogal se empeñe en sostener su inocencia no hay modo de convencer a Olmo. Después de todo: ¿acaso no diría Nogal exactamente lo mismo si fuera, en efecto, a quien iba destinado el mensaje?

La crisis se ha instalado: Olmo cree que Nogal le ha sido infiel. Nogal lo niega. Sea que Nogal dice la verdad o no, desde la perspectiva de Olmo la situación es indistinguible y seguirá un camino similar en cualquiera de los dos casos.

Aun sin llegar a situaciones tan extremas, pocos pueden sostener que la aparición de posibles terceros, aun en los modos más sutiles, los deja indiferentes. Una mirada fija, una sonrisa muy amplia, una mano en el hombro, un halago fuera de lugar, demasiados "me gusta" en las redes sociales... Cuestiones tan sencillas como éstas pueden ser suficientes para ponernos en estado de alerta.

Todos conocemos esta sensación. Se trata, por supuesto, de los celos. Los celos son el modo más moderado en el que se nos presenta la amenaza de la infidelidad y, al mismo tiempo, un intento de advertir su proximidad para desviarla tempranamente.

Los celos, como sostuve en mi *Manual para estar en pareja*,[2] son siempre dañinos para una relación. Generan resentimiento e invitan a coartar las libertades del otro.

Algunos sostienen que una pequeña cantidad de celos puede ser favorable para una pareja. No lo creo así. Creo que **la dosis ideal de celos es 0.** Aquellos que apuntan, por ejemplo, al hecho de que los celos pueden reavivar la pasión cuando estaba algo dormida, confunden, a mi entender, una *correlación* con una *causa*. Es decir: comprobar que nuestro compañero o compañera es un ser sexual más allá de nosotros puede producir celos *y* puede, al mismo tiempo, resultar excitante. Pero no son los celos los que producen la excitación y, por ende, nada indica que no se podría tener la segunda sin los primeros.

De los cuernos...

Así, la infidelidad trae sufrimiento a las parejas que se separan a causa de un engaño por todo lo que les hace perder; a las que la experimentan y siguen juntos por los devastadores efectos sobre el vínculo y sobre cada uno de ellos; y a todos los demás porque su fantasma siempre está presente y porque su portavoz, los celos, a menudo nos hace actuar de maneras inadecuadas.

El dicho popular dice: "De los cuernos y de la muerte nadie se salva". No es cierto, porque no a todos nos pasa; aunque quizá sí podríamos decir: **"De los cuernos nadie está a salvo"**; porque a todos podría pasarnos y porque el tema nos afectará de un modo u otro.

CAPÍTULO 4

La necesidad de cuestionar

Como bien señala la psicóloga belga Esther Perel (un referente ineludible cuando hablamos de infidelidad), en su charla TED de 2013, estamos frente a la perspectiva de un fenómeno globalmente condenado, aunque ampliamente practicado. Y, agregaría yo, potencialmente dañino... ¿Qué posición habríamos de tomar?

La comprobación de todos los males que la infidelidad trae consigo y que discutimos en el capítulo anterior... ¿no sería un motivo para acatar los tabús y las prohibiciones que las religiones y la sabiduría popular imponen? ¿No habría que darles la razón? ¿No deberíamos concluir que el problema radica en que los antiguos preceptos no han logrado calar lo suficientemente hondo?

Si así fuera quizá nos convendría redoblar las advertencias, reforzar las condenas y esforzarnos en exiliar de nuestros corazones toda inclinación que pudiera acercarnos a una conducta tan peligrosa. ¿Es éste el camino que deberíamos seguir?

No.

Y hay varias razones para ello.

Precios inaceptables

La primera es que el precio a pagar por seguir esta estrategia es inaceptable. Las únicas sociedades que han conseguido erradicar la infidelidad son pequeñas comunidades religiosas (generalmente conformadas por las facciones más ortodoxas de cada credo) en las que, dado que las amenazas no funcionan, se ha recurrido a un método más categórico: eliminar las oportunidades para engañar.

Está claro que eso no puede conseguirse sino a través de un estricto control por parte de los líderes de la comunidad y por otros miembros que terminan por funcionar como informantes. Por ello, el tamaño acotado de la comunidad es un requisito en estos casos: todos deben saber lo que todos los demás hacen.

La formulación de este nefasto pensamiento parece ser algo así: "Dado que la tentación es irresistible, debemos desterrar la tentación". Por supuesto, las tentaciones tienden a filtrarse por los lugares menos esperados y lo que debe excluirse para dejarlas fuera termina siendo vastísimo. Son característicos de estas comunidades los intentos de reducir la actividad sexual a los fines reproductivos: cualquier asomo de placer podría despertar apetitos difíciles de controlar luego.

No es sorpresa que esta restricción de libertades y condenación de la sensualidad recaiga principalmente sobre las mujeres. Ésa es la idea que está detrás de la ocultación de la belleza impuesta en estos grupos (desde las pelucas de los judíos ortodoxos al burka de los musulmanes).

Quienes imponen estas normas han conseguido, sí, desterrar casi por completo de sus comunidades el acto del adulterio. Lo han hecho a costa de la instalación de un régimen opresivo para todos y directamente esclavizante para las mujeres.

De hecho, el enforzamiento de la fidelidad (o su intento al menos) parece ser una característica común de todos los regímenes totalitarios. Tanto es así que cuando los escritores de ficción se han puesto a imaginar mundos oprimidos parecen no poder obviar ese rasgo. Lo que es más interesante aún es que suele ser el punto por donde las personas son "introducidas" al régimen; como si la fidelidad fuese, acaso, el más aceptable de los dogmas y se constituyera entonces en un anzuelo digerible.

Así sucede en *1984*,[1] la novela de George Orwell, donde el amor prohibido entre Winston y Julia es la transgresión por la que son detenidos más allá de todos los pensamientos "revolucionarios" que pudieran tener. Es a través de la corrección de ese vínculo en el "Ministerio del amor" como ambos son finalmente alineados en el sistema.

La más cercana en el tiempo *El cuento de la criada*,[2] de Margaret Atwood, describe un futuro distópico en que el régimen de Gilead impone a las pocas mujeres que aún son fértiles la obligación de gestar y parir los niños de las parejas de las clases sociales privilegiadas. En el epílogo de la novela se revela que la justificación para que el resto de la sociedad consintiera la trata de esas mujeres, no fue otra que el adulterio. Dice Atwood:

> El régimen creó de inmediato una reserva de mujeres mediante la simple táctica de declarar adúlteros todos los segundos matrimonios y las uniones no maritales. Arrestaban a las mujeres y sobre la base de que estaban moralmente incapacitadas, confiscaban a sus niños.

Esta puesta en escena refleja, con alarmante similitud, una postura habitual de muchas instituciones y de no pocas personas: la de suponer que quien ha sido infiel (y más aún si es una mujer)

LA NECESIDAD DE CUESTIONAR

es, instantáneamente, alguien sin moral y, por ende, casi sin derecho alguno. No es casual que el puritanismo se asocie con tanta frecuencia a conductas que muchas veces bordean la maldad o que, tantas otras veces, desembocan decididamente en ella.

Está claro que ésta no es una línea en la que sea deseable avanzar, ni como individuos ni como sociedad.

Entender los motivos

La otra razón por la que no es conveniente aceptar sin más el dogma contra la infidelidad es la misma que para cualquier otro dogma: que al hacerlo se pasan por alto las particularidades de cada caso, algunas de las cuales podrían resultar, finalmente, muy importantes.

Supongo que alguien podría objetar:

—Tal o cual libro sagrado, tal o cual dios, dice que la infidelidad es pecado. Eso es suficiente.

Pues bien, aquellos de ustedes para los que esto sea suficiente podrán dejar las preguntas de lado y seguir adelante. Yo, como muchos otros, no puedo. Aunque no sea más que para honrar al dios en el que cada uno crea, me parece importante entender las razones que nos empujan a sostener la prohibición.

Si no entendemos los motivos, no tendremos en cuenta ciertos "detalles" y podría suceder que la conclusión a la que llegáramos entonces fuera bastante inadecuada (y posiblemente injusta para con alguno de los involucrados):

Higuera y Ceibo están casados desde hace diez años. Viven en una precaria casa con su única y pequeña hija, quien padece una enfermedad neurodegenerativa.

Las peleas son constantes: por el manejo del dinero, por la dedicación a la niña, por las presiones a las que ambos se ven sometidos, por lo que cada uno percibe como falta de aporte del otro...

El duro azar y las condiciones adversas han desgastado el amor que una vez se tenían:

—Ya no queda nada —dice Higuera.

Separarse, sin embargo, es impensable. Los costos que habría que afrontar terminarían de desbalancear el ya frágil equilibrio económico del hogar. Además, los cuidados de la niña los requieren a ambos de modo simultáneo, no alternado.

En ese contexto, Higuera conoce a alguien. Encuentra allí una contención ávidamente buscada, el goce del sexo que pensaba que había ya abandonado su cuerpo para siempre, un descanso de la enorme tensión diaria.

Lo mantiene en secreto. Teme decírselo a Ceibo. Sabe de su carácter impulsivo y le preocupa que, de enterarse, Ceibo lleve adelante una separación para la que no están preparados y que resultaría muy perjudicial para la niña.

—Tal vez más adelante... —piensa Higuera.

¿No nos sentimos todos un poco menos inclinados a condenar a Higuera? Sin embargo, está claro que, bajo casi todas las concepciones, sus acciones constituyen una infidelidad: tiene una relación romántica con una persona mientras continúa en matrimonio con otra.

¿Qué es lo que hace que su situación sea diferente? Cada uno de nosotros podría tener una respuesta diversa:

- Lo que sucede es que Higuera no tiene opción...
- Lo que pasa es que ya no se aman...
- El problema es que Ceibo no comprende...

Cualquiera que sea el argumento que demos, sin embargo, habremos empezado ya a hacer algo muy importante: habremos comenzado a cuestionar el dogma y a preguntarnos por los verdaderos motivos que tenemos para sostener la fidelidad como un valor y por el alcance que los mismos deberían tener.

Ésa es la tarea que tenemos por delante.

Es un primer paso indispensable si pretendemos hallar mejores modos de lidiar con la perspectiva de la infidelidad y, si ése fuere el caso, con una situación concreta de engaño.

Debemos atrevernos a cuestionar nuestros supuestos acerca de la fidelidad. Debemos adoptar una postura que sea fruto de una convicción y no derivada de un dogma sobre el que ni siquiera nos hemos detenido a pensar (aun cuando es posible que la postura final acabe por ser la misma).

Si nos dejamos llevar por estos prejuicios sin revisarlos siquiera, si vivimos nuestras relaciones de pareja en función de lo que estos mandatos comandan, sufriremos.

Sufriremos y haremos sufrir.

Infidelidad ≠ separación

Si, por ejemplo y como ya anticipé, una infidelidad conduce a la disolución de un vínculo no debería ser sin reflexión previa, sin sopesar las razones que habría para seguir ese camino y las que habría para elegir otras vías posibles. En muchas, muchísimas oportunidades lo que está en juego en un pareja es de una importancia tan grande que podría muy bien pesar más que aquello que la revelación de una infidelidad puede producir o poner al descubierto.

Para hacer que este juicio de "¿Qué pesa más?" sea posible o tenga mínimamente algún sentido, es necesario que podamos evaluar con honestidad y sin condicionamientos el peso real de la fidelidad. Si concebimos (por aprendizaje, por prejuicios o por lo que sea) la fidelidad como una roca de peso infinito, entonces ya no importa qué pongamos en el otro platillo (hijos, hogar, compañía, amor, historia, proyecto): la balanza siempre habrá de inclinarse hacia la separación. Si, en cambio, nos atrevemos a pensar en porqué la fidelidad es tan importante para cada uno de nosotros y, llegado el caso, a poder cuestionar alguna de esas razones, entonces la infidelidad ya no será un agujero negro que succiona todo. Dejará entonces de ser un motivo *automático* de separación (aunque puede que, para algunos, acabe por ser un motivo *válido* después de haber encontrado sus propias respuestas).

Es decir, habrá seguramente quienes elijan de modo legítimo separarse a causa de un engaño. También casos en los que la infidelidad es el escalón final de un deterioro paulatino de la pareja y justifique, por ello, una disolución del vínculo. Sin embargo, es de enorme importancia comprender que podemos elegir. **Que debemos descreer de la sentencia: infidelidad = separación.**

Esto, me parece, es igual de válido si estamos de un lado u otro de la infidelidad. Así como quien descubre una infidelidad de su pareja podría, si se deja llevar por sus primeros sentimientos, menospreciar todo lo otro que hay en la relación; asimismo quien se descubre sintiendo cosas por otra persona o, incluso, habiendo actuado en consecuencia podría equivocarse si concluye rápidamente que nada hay de valor en su relación primaria.

Una frase popular sostiene: "Si amas a dos personas al mismo tiempo, quédate con la segunda. Porque si de verdad amaras a la primera no te hubieras enamorado de la segunda".

Disiento profundamente. La sentencia supone una simpleza que las relaciones románticas evidentemente no tienen. Basta hablar con unas cuantas personas para comprender que amar a alguien no es impedimento para sentir cosas por otros. Ni qué hablar de que esta frase no prevé lo que sucederá cuando tengamos que dejar a la segunda persona por una tercera, ni a la tercera por una cuarta... Hablaremos con mayor detalle de esto más adelante. Por ahora me contentaré con que descreamos de estas fórmulas categóricas.

La herida

Comprender por qué la infidelidad lastima de modo tan punzante y diseccionar qué valores y qué temores se ponen en juego frente a esa situación, es de suma importancia para todos los que estamos en una relación romántica...

... para aquellos que han sido engañados, porque podrá ayudarlos a precisar su dolor, a encontrar (creo) algún consuelo, a sanar (ojalá) las heridas que el episodio abre y a poder evaluar con mayor sustento si desean seguir o no con su pareja.

... para aquellos que han engañado, porque tendrán que descubrir qué es lo que buscaban en esos otros encuentros y porque tendrán que decidir qué posición tomar frente a su pareja si es que se proponen continuar con ella.

... para aquellos que decidan continuar luego de la revelación de un engaño porque no estarán necesariamente condenados a vivir perseguidos por el fantasma de lo sucedido (aunque esto no será sin trabajar para ello).

... para todos los demás, porque hablar sobre infidelidad es hablar sobre los fantasmas más horrorosos que nos persiguen respecto del amor y de la pareja; por ende, mientras más moldeada esté nuestra posición al respecto, mejor será el vínculo que podamos construir con nuestro compañero.

En este sentido es imprescindible partir de la base de que **la exclusividad sexual no es una condición inherente a una relación romántica.**

Para sostener esa premisa, será necesario investigar la cuestión desde dos perspectivas: la biológica y la social.

De ello nos ocuparemos en los dos próximos capítulos.

CAPÍTULO 5

Argumentos biológicos

—La monogamia es antinatural —dicen algunos.

—Los varones son infieles por naturaleza —agregan otros.

—Las mujeres engañan por amor, los hombres por sexo...

¿Qué hay de cierto en estas afirmaciones?

Para responder estas preguntas, primero debemos ponernos de acuerdo en qué entendemos por "naturaleza humana".

Un primer intento de definición sería decir que se trata de aquellas conductas hacia las que nuestro *cuerpo* nos empuja, en forma independiente de todo condicionamiento social y de toda decisión personal.

Está claro que hablar de "naturaleza humana" es muy difícil ya que en la práctica cada cosa que hacemos está motivada por muchos factores (biológicos, sociales, familiares, personales, situacionales...). Y es prácticamente imposible aislar el efecto de una de esas fuerzas de los efectos de las otras.

En general, tendemos a tildar una conducta de "natural" con demasiada rapidez y engañosa facilidad. Salgamos por un momento de las relaciones amorosas y tomemos, para ejemplificarlo, el caso de la comida: a menudo sentimos asco frente a la idea de ingerir determinados alimentos. En Argentina, por ejemplo, sólo pensar en comer insectos puede despertarnos una reacción instantánea de náusea y hasta una arcada. Esa sensación parece tan visceral que muchos nos veríamos tentados a pensarla como "natural". Sin embargo, es evidente que no es así: en otros lugares del mundo comer insectos es de lo más común y, además, los nutrientes que contienen son perfectamente sanos. No hay razón biológica alguna para que nuestro cuerpo rechace la ingesta de insectos: la reacción, por más corporal que sea, está condicionada socialmente, no es "natural" en el sentido en que nos interesa.

Para hacer las cosas aún más difíciles, identificar una conducta como natural no equivale a descubrir las razones por las cuales hacemos lo que hacemos. Veámoslo en otro ejemplo de nuestra conducta alimentaria: a las personas nos atraen los alimentos altamente calóricos. Las comidas que contienen grasas y azúcares (los nutrientes que aportan más energía) comúnmente se ven apetitosas. Es lógico: nuestros cuerpos han evolucionado para preferirlas. En los comienzos de nuestra especie, la comida era escasa y los alimentos que aportaban muchas calorías eran ventajosos. Aquellos de nuestros predecesores que los preferían sobrevivieron mientras que los que optaban por alimentos menos nutritivos se extinguieron. Somos hijos de aquellos sobrevivientes y heredamos de ellos esa preferencia: está en nuestra naturaleza. Sin embargo, cuando queremos una pizza o un helado no estamos pensando: "quiero algo que me ayude a sobrevivir", ni siquiera: "quiero algo con muchas calorías", lo que pensamos es: "quiero sentir ese fantástico sabor en mi boca". Nuestra razón para comernos una porción de pizza desbordante de queso es el placer, no la nutrición ni la supervivencia.

Sigamos este razonamiento y apliquémoslo ahora a la naturaleza de las relaciones amorosas.

Si pensamos biológicamente concluiremos que, de entre todas las maneras posibles de relación entre los sexos (conocidas como "estrategias reproductivas"), debe haber habido *alguna*, hace cientos de miles de años, que les dio a los primeros humanos las mejores oportunidades de reproducirse y de que sus hijos sobrevivieran lo suficiente como para reproducirse a su vez. Las personas de hoy somos, por fuerza, los descendientes de aquellos que utilizaban esa "estrategia reproductiva" exitosa (porque los otros, evidentemente, habrían de extinguirse). Nos han pasado sus genes y, en consecuencia, heredamos la preferencia por ciertas situaciones. Si encontramos cuál era el modo en que aquellos primeros hombres y mujeres se relacionaban... *¡bam!*, habremos dado con la naturaleza humana respecto de las relaciones amorosas y sexuales.

Sin embargo, al igual que sucedía con los alimentos, esta naturaleza no revelará automáticamente nuestras razones. Tendremos que considerar que, ni nuestros antepasados de entonces ni nosotros hoy en día, buscamos pareja, nos juntamos, separamos o acostamos con otros pensando en esparcir los propios genes, en hallar la mejor compatibilidad cromosómica, en lo sanitos que serán los hijos ni en las oportunidades que tendrán de sobrevivir... Hacemos todas esas cosas porque nos sentimos atraídos, por placer o avidez, por búsqueda de seguridad o confort, por necesidad de contención o de crecimiento, o porque pensamos en el bien de los que amamos...

Nadie llega a su casa a la noche y va al dormitorio quitándose la ropa al grito de:

—¡¡Ven amor mío, que hay que preservar la especie!!

Todo lo que el proceso evolutivo ha podido hacer es "poner" en nuestros cerebros una percepción favorable de ciertos rasgos o situaciones.

Y entonces...

¿Cuáles son esas situaciones? ¿Cuál es nuestra inclinación natural?

Pues bien: existen tres grandes hipótesis respecto de la naturaleza de las relaciones románticas en los humanos.

La primera sostiene que el modelo "natural" es la poliginia (un hombre con muchas mujeres);

la segunda sostiene que la forma natural es la monogamia serial (formar pareja, separarse luego de un tiempo, formar otra, separarse, y así);

la tercera propone que nuestra naturaleza nos inclina hacia una especie de poligamia grupal (varios hombres con varias mujeres).

Cada uno de estos modelos tiene un equivalente en un modo de relación que podemos encontrar hoy en día: encontramos la poliginia en los harenes, la monogamia serial en el ciclo de matrimonio y divorcio, y la poligamia en el poliamor.

Durante mucho tiempo, la versión que más apoyo ha tenido es aquella que sostiene que la tendencia natural en el ser humano es la poliginia. Es decir, que la inclinación de los hombres es a tener tantas mujeres como puedan y la de las mujeres a retener al mejor hombre que puedan. Por más aborrecible que esta concepción nos resulte, fue muy aceptada, en los comienzos de la biología evolutiva, por expertos como Charles Darwin y por muchos antropólogos de allí en adelante.

Lo que es aún más importante: **ésta es la versión que está instalada en nuestras creencias colectivas** y es la que sostiene todos los prejuicios con los que comenzamos este capítulo.

Una versión cavernícola

Imagina cómo era la vida familiar de los cavernícolas. Es probable que, rápidamente, venga a tu cabeza una imagen: una mujer vestida con pieles sentada en una caverna, un recién nacido en los brazos y tal vez algún niño más a su alrededor; el hombre, un grandote barbudo también con traje de piel, se dispone, garrote en mano, a dejar la cueva para salir a cazar: debe conseguir una presa para dar de comer a toda la familia que, de lo contrario, morirá de hambre.

¿Te resulta conocido? El hombre sale a buscar sustento y la mujer se queda a cuidar a los niños.

Lo cierto es que este panorama de la vida de relación de nuestros ancestros está muy lejos de lo que pudo haber sido en verdad. Tanto así que Christopher Ryan y Cacilda Jethá, autores del fantástico libro *Sex at Dawn,*[1] han llamado a este fenómeno *Picapedrización*: nuestra imagen de la prehistoria está más cerca de la caricatura Los Picapiedra que de la realidad...

No creamos que esta idea tergiversada es un error insignificante o incluso divertido. Tiene consecuencias tremendas sobre el modo en que pensamos la relación entre los sexos hoy en día. Porque cuando comenzamos a pensar a partir de esta concepción llegamos a lugares peligrosos.

Durante demasiado tiempo hemos estado presos, sin darnos cuenta, de lo que se ha dado en llamar la "narrativa estándar".

Esta versión de la historia propone que los primeros hombres obtenían una ventaja genética al copular con tantas mujeres como pudieran (porque aumentaría la oportunidad de que sus genes perdurasen) y tendrían pues un incentivo para ser polígamos. Al mismo tiempo, debían impedir que las mujeres copularan con otros hombres para asegurarse de que la descendencia a la que habrían de alimentar fuera propia. Las mujeres en cambio, para quienes el proceso reproductivo implica mucho más tiempo, estaban "atadas" al cuidado de las crías y dependían de un hombre para obtener alimento. Así, tendrían un incentivo para ser monógamas y, en particular, serlo con el macho que mayor y más confiable sustento pudiera proveerles.

Las conclusiones que se desprenden de esta "narrativa estándar" son poco menos que horrorosas:

Los hombres de hoy, por ser descendientes de aquellos "copuladores indiscriminados", seríamos, en efecto, infieles por naturaleza. Pero además tendríamos una inclinación a querer tener sexo todo el tiempo y con toda mujer a la que encontrásemos mínimamente disponible. Todo ello sin dejar de ser naturalmente celosos de la mujer que ha parido a nuestros hijos. Aceptaríamos el amor por imposición social pero, en verdad, lo único que nos interesaría sería el sexo.

Del otro lado el espanto no es menor: las mujeres, por haber heredado los genes de aquellas "dependientes del sustento", formarían pareja por interés, preocupadas más que nada por la seguridad y los bienes que el hombre que esté a su lado pueda darles a ellas y a sus hijos. Su tendencia natural sería la de mantener la pareja estable para asegurarse la subsistencia; salvo que apareciera en escena un mejor proveedor, en cuyo caso se verían tentadas de dejar al primero e irse con él. De allí su inclinación hacia la monogamia y la fidelidad. Según esta visión, las mujeres estarían primordialmente interesadas en los sentimientos que nos unen a largo plazo a una persona en particular, léase: el amor. Tendrían sexo por obligación o complacencia pero no estaría en su naturaleza disfrutarlo...

¿Lo ves?

Esta versión de la historia y de nuestra "naturaleza" confirma una gran cantidad de los estereotipos que tenemos sobre los hombres, las mujeres, sobre las diferencias entre unos y otras y sobre los problemas que surgen en medio.

La cultura popular abunda en expresiones que evidencian cuán presentes están aún estas ideas en nuestra sociedad. Chistes, refranes y sentencias que apuntan de modo bastante burdo a que al varón sólo le interesaría el sexo y a la mujer sólo casarse.

No todas las muestras de esta mentalidad son tan burdas como las que acabo de mencionar. Muchas veces, estos prejuicios se presentan de una forma más sutil y aceptable... lo que los vuelve, por supuesto, mucho más peligrosos porque "atraviesan" nuestras defensas sin que nos demos cuenta. Tal es el caso de las oportunidades en que se afirma que "los hombres dan y las mujeres reciben", que "las mujeres son tierra y los hombres aire" o que "los hombres sueltan y las mujeres retienen"... Todas éstas me parecen aseveraciones de mucho cuidado. Además de que obviamente se nutren de concepciones rígidas sobre lo masculino y femenino, fortalecen la noción de que los hombres siempre preferirían relaciones pasajeras y las mujeres siempre relaciones estables.

Esta misma ideología es la que está detrás de todas las preocupaciones y advertencias que padres y madres dirigen en ocasiones a sus hijas (pero no a sus hijos), respecto de que deben cuidarse de que los varones no las "usen". Es decir, que tengan sexo y luego desaparezcan. Todo esto presupone no sólo que a los varones no les interesarían las otras cosas que puede haber en una relación además del sexo, sino, peor aún, que si un encuentro es puramente sexual, se debe a que la chica ha sido engañada... La posibilidad de que ella desee tener sexo y —¿por qué no?— *sólo sexo*, resulta muchas veces difícil de considerar. Sería conveniente que empezáramos a hacer ese ejercicio: quizá podría ser él quien termine sintiéndose usado... o quizás ambos se usan mutuamente... o quizá nadie está usando a nadie, son simplemente dos personas que comparten lo que tienen ganas de compartir en ese momento.

Algún padre o madre, aun preocupado por el corazón roto de una hija podría todavía preguntar:

—¿Pero no sucede con mucha frecuencia, y más a las chicas que a los chicos, que se sienten mal si, luego de haber tenido sexo, el otro desaparece? ¿No tendríamos como padres, que advertirlas de ese peligro?

—Es posible —quisiera responder yo—. Pero, en todo caso, el modo de prevenirlas no es decirles: "No te acuestes con él si no estás segura de que eso no es lo único que quiere". Más bien sería: "No te acuestes con nadie si no estás segura de que eso es lo que tú quieres".

Sea de modos más burdos o más insidiosos, el panorama general que la "narrativa estándar" pinta es bastante nefasto: un vínculo entre hombres y mujeres que, en el fondo, funciona como una especie de intercambio: ella brinda sexo para que él le dé sustento, él promete amor para que ella cuide a sus hijos.

Todo esto, claro está, es un asco.

Y, además, falso.

Tanto esta reconstrucción de la vida de nuestros ancestros como los argumentos evolutivos que de ella se desprenden y las conclusiones sobre nuestra vida de relación de hoy son errados. Errados y, posiblemente, malintencionados: moldeados para sostener una moral machista que propicia el sometimiento de la mujer y el confinamiento de su goce sexual.

Los primeros humanos no vivían en harenes, con un macho comandando un grupo de hembras y crías, como lo hacen los gorilas. Ni siquiera formaban una horda con un macho dominante y otros de menor "rango" que pretenden su lugar, y en la que son las hembras, de modo exclusivo, las que se ocupan de la crianza de los pequeños. Ése es el modelo de organización de los chimpancés y el que muchas veces se ha propuesto, como lo hizo Freud en su desarrollo de la "horda primitiva", como precursor de nuestro modo de relación social y sexual. Sin embargo, la ciencia ha demostrado que es un modelo equivocado.

Monogamia serial

Cuando nuestros ancestros más directos bajaron de los árboles y comenzaron a caminar en dos pies, el modo de organización que adoptaron fue el de pequeños grupos nómadas de unos veinte o treinta individuos. Estos grupos estaban compuestos por hombres, mujeres y niños. Subsistían recolectando, cazando y valiéndose de los cuidados que el grupo como tal proveía.

Éste es el estilo de vida que nuestra especie ha tenido por la enorme mayoría del tiempo que hemos existido como tal. Más de 90% de nuestra vida en la Tierra ha sido como cazadores-recolectores; y es ahí, por lo tanto, donde debemos buscar las claves de la "naturaleza humana" en cuanto a las relaciones amorosas y románticas.

Y lo interesante es que, a diferencia de lo que la narrativa estándar proponía, en estos grupos el rol de los hombres en cuanto a la descendencia no se limitaba a copular con las mujeres: estaban involucrados en la crianza y sostén de esos niños. Los supuestos respecto de la *manera* en que participaban es lo que da forma a las otras dos teorías referentes a nuestro modo "natural" de relacionarnos.

Algunos investigadores, de los cuales un notable ejemplo es Helen Fischer (autora del muy recomendable libro *Anatomía del amor*),[2] sostienen que los primeros humanos comenzaron, en este momento de la historia, a formar parejas de un hombre y una mujer para cuidar a sus crías. Serían éstos los primeros pasos de nuestra moderna monogamia que tendría así profundas raíces en nuestros condicionamientos genéticos.

Fischer delinea un poco más cómo era aquella monogamia... Propone que esta unión de pareja duraba tan sólo lo que demorase un ciclo de procreación y crianza: el tiempo necesario para que el recién nacido fuese mínimamente autónomo y para que la mujer estuviese en condiciones de volver a concebir. Según las investigaciones, unos tres a cuatro años.

De acuerdo con esta hipótesis, ése sería el tiempo que duraría nuestra monogamia natural. Después de ello, nuestro interés en la persona con la que hemos formado una pareja estable tendería a decaer y nuestra atención comenzaría a divagar hacia posibles nuevos compañeros. Ésta es la explicación que Fischer ofrece para la "comezón del séptimo año", que sería, según su teoría, más bien una comezón del tercer año.

La tendencia natural de las personas sería la de formar un vínculo de pareja, tener hijos y criarlos, separarnos, formar una nueva pareja, tener nuevos hijos, separarnos y así... Un ciclo de unión y separación; o, si le agregamos unas cuantas firmas, de matrimonio y divorcio. Esto es lo que Fischer llama **monogamia serial.**

Con una pequeña salvedad, aunque importante para nuestra indagación. El vínculo de pareja al que se refiere Fischer debe entenderse como la elección de un compañero con el que se crían los hijos. Pero la monogamia no implica, necesariamente, fidelidad. Aun cuando aceptásemos la hipótesis de que nuestros ancestros cuidaban a sus pequeños formando parejas, nada impide que tuvieran escarceos con otros y otras si las circunstancias eran favorables. Estos encuentros por fuera de la pareja principal le habrían dado a los que los practicasen ventajas adicionales: mayores oportunidades de reproducirse, mayor aporte de recursos para el sostén de las crías. Así, los hombres y mujeres de hoy habríamos heredado, por igual, esa tendencia a "mirar para fuera" en las situaciones que remedan aquellas ventajas.

Fischer llama esto una *estrategia reproductiva mixta*: monogamia y aventuras ocasionales (suena familiar, ¿verdad?). Para muchos estudiosos ésta sería nuestra tendencia natural.

Sin embargo, no es la única opción.

Una propuesta novedosa

Hace algunos años, el psicólogo estadunidense Christopher Ryan tuvo una intuición genial que luego desarrolló junto con su esposa Cacilda Jethá en el libro *Sex at Dawn*, que ya he mencionado.

Ryan se preguntó: si los primeros humanos vivían en pequeños grupos socialmente igualitarios que cazaban y recolectaban juntos, que compartían el agua, la comida, el refugio y los cuidados... ¿no era posible que compartieran también la sexualidad y la crianza de los pequeños?

¿No es posible acaso, y muy plausible de hecho, que los niños que nacieran fueran criados, alimentados y protegidos por

ARGUMENTOS BIOLÓGICOS

todo el grupo? ¿Para qué sería necesaria una pareja dentro del grupo?

Esta hipótesis encuentra sustento en múltiples hallazgos que provienen de distintos campos: el estudio de fósiles de la época, el análisis del comportamiento de los monos más cercanos a los humanos (particularmente los bonobos), ciertas características de la anatomía humana y la observación de las costumbres de algunas tribus originarias de distintas partes del mundo en las cuales, todavía hoy, los hijos son de la tribu y no de los padres.

La exposición detallada de estas evidencias excede un poco nuestro propósito pero es sin duda interesante y les recomiendo, a quienes quieran profundizar en el tema, sumergirse en el libro de Ryan y Jethá. Será, posiblemente, una lectura esclarecedora.

Por nuestra parte nos detendremos brevemente sólo en el último punto, pues me parece que nos enseña algo importante respecto de ciertas ideas que pueden contribuir al espanto que nos provoca la infidelidad. Hablo de la idea de que para la mayoría de las personas es importante saber quién es el "verdadero padre" de un niño.

Es valioso comprobar que esto no es universal y que, para algunas sociedades, la frase no tiene siquiera sentido alguno. Algunas tribus que habitan diversas áreas de América Latina, por ejemplo, como los barí de Venezuela o los aché de Paraguay, tienen la creencia de que los niños se forman por acumulación de semen. Cada encuentro sexual que una mujer tiene va dejándola embarazada poco a poco. Una vez que es evidente que hay un niño en su vientre, nuevos aportes de semen son necesarios para hacer crecer a la criatura. Es típico que una mujer embarazada solicite a diversos varones de la tribu tener sexo con ellos para que su semen contribuya a la formación del bebé y para que, a través del líquido vital, el niño por venir adquiera las características del portador. Así, la mujer tendrá sexo con un guerrero para que su niño sea fuerte, con un arquero para que sea ágil, con un chamán para que sea rico de espíritu. Lo maravilloso es que, como todos estos hombres sienten que han participado de la gestación del niño, se ven inclinados a formar parte también en su crianza y, por ende, terminan, efectivamente, por transmitirle al niño sus habilidades. Lo cual confirma hacia atrás la idea de que le han pasado su esencia a través del semen (aunque en verdad la transmisión haya sido por aprendizaje y no por genética).

No siempre esta manera de ver las cosas está basada en creencias erróneas sobre el modo en que se conciben los niños...

En la conmovedora y estupenda serie de las hermanas Wachowski *Sense8*,[3] uno de los personajes, Amanita Caplan, tiene tres padres. ¿Cómo es eso posible? Sencillo: cuando la madre de Amanita quedó embarazada venía teniendo sexo periódicamente con tres hombres. Ella no sabía de cuál de los tres era el semen que había fecundado su óvulo... Cuando la madre de Amanita les planteó la situación, los hombres dijeron:

—¿Qué importancia tiene?

Y decidieron ser, los tres, padres de la niña. Ella, favorecida.

Según se dice en la serie, nunca intentaron dilucidar quién era el padre genético de Amanita. Uno de ellos comenta:

—¿Para qué? ¿Quién querría quedarse fuera de la maravillosa experiencia de tener una hija?

Estas historias cuestionan la idea de que nuestros ancestros competían por las oportunidades reproductivas (los hombres por las mujeres más fértiles, y las mujeres por los hombres más proveedores). Como consecuencia, deben movernos a pensar que **ni los celos ni las pretensiones de exclusividad son**

"naturales". No existe un secreto instinto de posesividad. Ni los hombres de los berí, ni de los aché, ni los padres de Amanita sienten celos ni se preocupan por que haya otros que comparten su lugar. Si a nosotros estas cuestiones nos preocupan es porque así lo hemos aprendido.

Esta última hipótesis, que sostiene que el modo de relación de los primeros humanos era el de la *poliginandria* (varios hombres con varias mujeres), explica una característica importantísima de la sexualidad humana que resulta muy difícil de comprender desde los otros modelos. Se trata del hecho fundamental, ineludible, evidente, gigantesco, de que las personas no tenemos sexo únicamente con fines reproductivos. No tenemos un periodo de celo, no necesitamos que exista la posibilidad de concebir para calentarnos. Hombres y mujeres por igual podemos excitarnos en cualquier momento (y aun en *todo* momento) si los estímulos adecuados se presentan.

Eso es porque el sexo tiene para nosotros una función principalmente social y emocional. El sexo es una forma de acercarnos, de crear lazos entre nosotros. Una forma de mostrarnos afecto e, incluso, de generarlo:

Dice Lorenzo, el actor porno que protagoniza el relato "Menos escrúpulos"[4] del genial escritor español Javier Marías:

—Te tiras a una tía un par de veces y le coges afecto. Vamos, no mucho [...], pero ya es otra cosa, la has tocado, la has besado y ya no la ves igual, y ella se pone cariñosa contigo.

Lorenzo está hablando de su relación con una chica con tendencias suicidas y llega a decir:

—Mientras yo estaba así con ella no había peligro. No podía pasarle nada conmigo encima abrazado a ella. Conmigo encima estaba a salvo, ¿comprendes?

Tiene mucha lógica suponer que los múltiples vínculos sexuales y amorosos de nuestros ancestros daban cohesión al grupo en el que vivían. Tenían sexo, como nosotros, no sólo para reproducirse sino para conectarse y afianzar su vínculo.

Hemos heredado esa inclinación y esa necesidad.

Somos seres intensamente sexuales, mucho más que la gran mayoría de las otras especies que pueblan este planeta y en las que el sexo se reduce a la finalidad de engendrar. Es por eso, probablemente, que los humanos (junto con nuestros primos cercanos, los ya mencionados bonobos) somos las únicas especies que tienen sexo habitualmente mirándose el uno al otro.

Según la visión de Ryan, **ésta es la naturaleza humana: nos gusta el sexo.**

Nada hay de raro o sorprendente en que hombres y mujeres encontremos atractivas a una variedad de personas. Tampoco en que nuestro apetito sexual se despierte en una heterogénea variedad de situaciones (incluso en aquéllas en las que la reproducción no es una posibilidad directa). No hemos heredado sólo una "estrategia reproductiva" sino una "estrategia de contacto y conexión". Ésta es la razón por la que la tendencia natural se aleja de la monogamia, de la fidelidad y de cualquier estructura rígida que queramos imponerle a nuestra sexualidad.

Y entonces, ¿de dónde surgen nuestras ideas de la pareja, del matrimonio y de la fidelidad? Según Ryan y muchos otros pensadores, la monogamia no se habría desarrollado cuando los humanos comenzamos a andar en dos pies, como sostenía Fischer, sino cientos de miles de años después; cuando floreció la agricultura. Recién cuando nos vimos atados a un pedazo de tierra, recién cuando la idea de la propiedad privada empezó a expandirse, recién entonces tuvo sentido asegurarse de que los hijos fueran "de mi misma sangre"... De allí que la fidelidad y, en particular la fidelidad de las mujeres, comenzara a ser importante.

Más allá de la naturaleza

No sé cuál de las tres teorías que hemos discutido es la correcta aunque, si tuviera que elegir, me inclinaría por la tercera. De cualquier manera me parece interesante pensar cada una como un reflejo de los ideales que dominaban el tiempo en el que fue formulada... el poder del hombre, la colaboración hombre y mujer, la igualdad de géneros.

Resulta cada vez más evidente que la monogamia y los modos en que la ponemos en práctica, son constructos culturales.

Nos adentraremos en esto en el siguiente capítulo pero antes, debo poner sobre la mesa una aclaración o, tal vez sea una advertencia... Aun cuando aceptemos que existe una "naturaleza sexual humana", aun cuando alguna de estas tres teorías nos convenza y logremos descartar las otras posibilidades, aun cuando creamos que hemos identificado las conductas que se corresponden con ella... aun así, eso no constituye una justificación.

Si le preguntan a alguien que fue infiel:

—¿Por qué engañaste a tu pareja?

No creo que sea una respuesta satisfactoria decir:

—Pues bien, es una estrategia reproductiva mixta. Aumentaba las posibilidades de pasar mis genes a la siguiente generación.

Tampoco vale:

—¡Soy un producto de la evolución! Veo como tentadoras las situaciones que podrían representar una ventaja adaptativa... Lo siento.

El hecho de que algo sea "natural" o "biológico" en modo alguno lo convierte instantáneamente en ético ni en sano. Las personas tenemos el deber de actuar en función de nuestras convicciones, no de una supuesta o verdadera naturaleza.

La exploración que hemos realizado en este intrincado capítulo puede darnos algunos elementos para formular esas convicciones. Así lo creo y por ello te he conducido por este recorrido, pero en modo alguno es suficiente...

Tenemos todavía mucho trabajo por delante.

CAPÍTULO 6

Argumentos sociológicos

Sea que la monogamia es una tendencia natural de las personas o no, lo discutido en el capítulo anterior parece indicar que la fidelidad no lo es.

La monogamia ronda el asunto de "con quién formamos familia"; la fidelidad, en cambio, el de "con quién nos acostamos". El hecho de que, para la mayoría de nosotros, vayan frecuentemente de la mano no implica que sean equivalentes.

La fidelidad en la pareja es una pauta cultural. Es un modo de conducirnos que desarrollamos en algún momento de nuestra historia y que luego adoptamos. En otras épocas y en otras civilizaciones, han existido modos de relación romántica en los que la sexualidad estaba por completo fuera del vínculo o bien incluida pero sin la condición de exclusividad.

Habitualmente no nos detenemos a pensar en cómo influye en nuestro modo de estar juntos la mera idea que tenemos de lo que una pareja es. Nos comportamos como si nuestra manera fuera la única. No importa si funciona o no. No importa si nos trae más sufrimiento que beneficios. Es así, siempre fue así y siempre debería seguir siendo así.

Llegados a este punto es inevitable (y conveniente) recordar una vieja historia que muchos de ustedes conocerán pues ha sido contada por diversos autores y en diversas versiones pero que originalmente puede rastrearse hasta Thomas Harris, uno de los pioneros de la literatura de autoayuda:

Un joven recién casado llegó a su casa y encontró a su mujer preparando una elaborada cena.

—¿Qué estás preparando? —le preguntó.

—Cuete al horno —dijo ella.

—¡Qué rico! ¿Cómo lo haces?

—Es muy sencillo, le pones sal, pimienta, tomates y morrones, un poco de caldo, le cortas las puntas y lo pones al horno.

—¿Le cortas las puntas? —preguntó él con sorpresa.

—Sí —dijo ella con naturalidad.

—¿Y eso por qué?

—Pues porque se hace así.

—Sí... pero... ¿por qué?

Ella pensó un momento y dijo:

—La verdad que no lo sé. Mi madre lo hacía así...

Cuando la joven habló con su madre le preguntó.

—Mamá... ¿cómo se hace el cuete al horno?

—¡Ah, hija! Es de lo más sencillo. Le pones sal, pimienta, unas verduras y algo de caldo, le cortas las puntas y lo pones al horno.

—¿Por qué le cortas las puntas?

—Mmmm —pensó la madre—. No lo sé. Tu abuela lo hacía así.

Ya más intrigadas, ambas fueron a ver a la abuela.

—Abuela —dijo la joven—, ¿tú cómo haces el cuete al horno?

—Es muy fácil —dijo la abuela—, le pongo sal, pimenta, verduras y caldo, le corto las puntas y lo pongo en el horno.

—¡Eso! —dijo la joven—. ¿Para qué le cortas las puntas?

—Ay, hijita —dijo la abuela algo apenada—, es que si no lo hago, no entra en el horno...

La receta de una pareja es como la receta del cuento: no tiene por qué ser exactamente tal como nos la han transmitido. Tal vez no haga falta recortar nuestra manera de estar juntos para que la "preparación" resulte apetitosa. Esto no quiere decir que necesariamente debamos descartar la fidelidad como valor... pero sí debería llevar a preguntarnos por las razones que tenemos para sostenerla. Es posible que alguno de los motivos que en otros tiempos eran válidos hoy ya no lo sean.

Como en el cuento, una pequeña exploración hacia atrás nos ayudará a descubrir nuestros prejuicios y a identificar qué conductas ya no tienen sentido o, incluso, resultan perjudiciales. Podremos entonces, tener al menos la oportunidad de rediseñar nuestros modos de estar en pareja para que se adapten a lo que hoy necesitamos, sea como sociedad o en la intimidad de cada una de nuestras relaciones.

En mi *Manual para estar en pareja* sostuve que una buena pareja era aquella que reunía tres componentes: el amor (entendido como el deseo del bienestar del otro), la pasión (entendida como la atracción hacia el otro) y el proyecto compartido (entendido como la coincidencia en la dirección en la que queremos llevar nuestras vidas).

Puede que muchos coincidamos hoy con la validez de esa definición... Pero está claro que estos tres ingredientes no han formado siempre parte de la receta. A lo largo de la historia y a lo ancho de las culturas, la pareja ha incluido en ocasiones sólo uno de esos elementos, en ocasiones dos y en otras los tres pero en diversas "dosis" o con diferentes características. Estas tres dimensiones pueden proveernos un marco adecuado para revisar la evolución histórica de lo que entendemos por pareja y, más importante aun, de lo que esperamos de las personas con quienes las formamos.

La función de la fidelidad

Desde las primeras civilizaciones y hasta los comienzos de la Edad Media, el foco de la pareja estuvo primordialmente en el proyecto. Específicamente en el proyecto familiar. Los matrimonios se celebraban como un modo de generar alianzas entre familias y de asegurar el patrimonio en las clases altas, y como un modo de organizar la división del trabajo y establecer las bases mínimas para la crianza de los hijos, en las clases bajas. En uno y otro caso, una buena pareja era aquella que servía bien a los intereses de la familia, ya fuera nuclear o extendida. Por eso, no es de sorprender que, durante todo este periodo, lo más habitual fueran los matrimonios arreglados.

No es difícil dilucidar cómo, en este contexto, se originó el lugar predominante que la exclusividad sexual tiene en la pareja. Está relacionado, por supuesto, con el hecho de que el coito es (o más bien debería decir *era*) el modo en que se conciben los hijos. La fidelidad era necesaria para evitar conflictos respecto de a quién pertenecían los bienes de una familia y para garantizar que aquellos que eventualmente los heredasen fueran, en efecto, hijos de la misma sangre.

Como se ha dicho alguna vez: el matrimonio garantizaba el patrimonio.

Se entiende que en esos tiempos la prohibición del adulterio recayera casi exclusivamente sobre las mujeres. Un hombre sólo cometía adulterio si se acostaba con la esposa de otro, no si lo hacía con una concubina o una prostituta. Era un crimen contra el otro hombre, no contra su propia mujer. Era un crimen contra la propiedad privada. Ni el amor, ni el goce sexual tenían nada que ver allí.

Adonis, sirenas y orgías

En la Grecia antigua, los hombres de cierta posición social (aquellos que hemos conocido como filósofos, matemáticos o sabios) buscaban cada uno de los tres ingredientes de la pareja de hoy, en un vínculo distinto. Armaban su *proyecto* familiar en torno a la relación con una mujer con quien tenían y criaban a sus hijos. El *amor*, en cambio, estaba reservado a la relación con los pares: otros hombres con quienes disfrutaban de la compañía y del intercambio de ideas. La *pasión sexual*, por último, se expresaba en la relación con jóvenes varones, bellos y atléticos, destinados a ensalzar el goce del cuerpo.

Es cierto que los griegos nos han legado también algunas de las primeras historias que retratan profundos amores uniendo una pareja y en los que la fidelidad es, muchas veces, un componente fundamental. Tal es el caso de la *Odisea*,[1] el segundo poema épico de Homero. Allí encontramos a la emblemática Penélope, que aguarda el regreso de su esposo Ulises durante veinte años, rechazando sistemáticamente a los numerosos pretendientes que la instan a casarse.

Incluso Ulises, de diferente manera, enarbola en el poema los valores de la fidelidad. Cuando la embarcación en la que viaja se acerca al territorio de las sirenas, sus tripulantes deben enfrentarse a un peligro mortal: el canto de las sirenas es tan seductor que los viajeros que lo escuchan saltan de sus embarcaciones para ir hacia ellas, muriendo ahogados. Ulises instruye a los marineros para que tapen sus oídos con cera pero guarda para él mismo otra estrategia. Ordena que lo aten al palo mayor e indica que no debe ser desatado por más que lo ruegue. Así, sujeto al mástil de su barco, Ulises atraviesa los dominios de las sirenas y logra escuchar su bello canto sin sucumbir. Seguramente el episodio es una alegoría que busca alertarnos de los peligros de dejarnos llevar por la tentación y que exalta la virtud de resistir la seductora llamada de la lujuria... pero creo que no podemos dejar de ver que también se nos señala que hay algo en todo ello de lo cual, quienes (como Ulises) quieren experimentar la vida a fondo, no querrán perderse por completo.

Algunos siglos más tarde, en Roma, se acuñó la palabra *matrimonio* y se establecieron las bases legales de ese vínculo más o menos como hoy lo conocemos (crianza compartida de los hijos, algún tipo de acuerdo sobre la propiedad e intercambio de votos, incluyendo el de fidelidad).[2] Sin embargo, aun entonces el amor estaba frecuentemente ausente del vínculo y no se esperaba que el sexo entre los esposos fuera placentero, sólo que redundara en hijos. Es fácil de evocar la imagen de las fastuosas orgías romanas y, aunque haya algo de mito en ello, también hay algo de verdad: el placer había que buscarlo fuera de casa.

Jesús y los juglares

La llegada y aceptación de la cristiandad, que siguió poco después, fue una de las fuerzas más poderosas en la profundización y el establecimiento de la monogamia y la fidelidad como norma cultural dominante.

Es interesante notar aquí cómo incluso lo que entendemos por fidelidad va cambiando con el tiempo. En aquel momento, ser fiel implicaba estar con una misma persona *toda la vida*. Así lo evidencian los dichos de Jesús:

En el Evangelio de Mateo,[3] unos fariseos se le acercan y le preguntan si es lícito divorciarse.

—Lo que Dios ha unido que el hombre no lo separe —es la respuesta de Jesús.

Los fariseos protestan de modo algo infantil:

—¡Pero Moisés nos dijo que se podía!

—Les dijo eso porque ustedes son necios. Pero no es así. Si un hombre se separa de su mujer y se casa con otra, comete adulterio.

Se ha afirmado muchas veces que el Amor hace su aparición como ingrediente esencial del vínculo de pareja hacia el siglo XIII:[4] el llamado *amor cortés*, exaltado y promulgado por los trovadores y juglares de Italia, Francia y España. Los poemas y canciones de la época hablan de amores que llevan a la locura, que consumen con un ardor inextinguible, que lastiman... amores cuya condición necesaria es la desventura, la clandestinidad o la prohibición... amores cuya intensidad es sólo igualada por la magnitud de la miseria que deparan en su casi invariable fin trágico.

Algo de esta idea sin duda nos ha quedado.

¿O acaso no solemos medir la importancia de un amor por el tamaño del dolor que deja? ¿No sospechamos, cuando vemos a alguien reponerse demasiado bien y demasiado rápido de una ruptura, que no debía amar tanto a su ex? Y por el contrario, cuando vemos a alguien arrastrarse por el piso... ¿no decimos: "¡Ah! ¡Cuanto se querían!"?

Quizá podamos, de paso, empezar a desconfiar de esta falaz medida de los sentimientos pero, más allá de eso, el punto

ARGUMENTOS SOCIOLÓGICOS

que quiero remarcar es que no parece que estemos hablando aquí verdaderamente del amor. Todas estas sensaciones de arrebato, intensidad y vértigo se corresponden mucho más con la *pasión*. De lo que hablan los trovadores es, por supuesto, de estar enamorado (lo que, como ya se sabe, poco tiene que ver con el amor). Es la pasión sexual entonces el ingrediente que en este momento de la historia se agrega a lo que esperamos de una pareja. Y no es casualidad que la infidelidad comience también a pasar por esos carriles: ya no es un problema de propiedad sino de honor. Lo más aborrecible es que *mi* mujer, *mi* hombre, goce en brazos de otra o de otro. Así lo expresa, enarbolando los valores de la época, el celoso más famoso de la literatura, imaginado por el juglar más famoso de la historia: Othello, de Shakespeare.[5]

—Preferiría ser un sapo viviendo de la humedad de un calabozo que dejar un rincón de quien amo para que otros lo usen.

La victoria del matrimonio

La monogamia y su modo de puesta en práctica más común, el matrimonio, llegaron a su máxima expresión durante la llamada era victoriana (siglo XIX). La unión matrimonial comenzó en ese momento a ser fuertemente defendida por la ley. El divorcio estaba o bien prohibido o bien mirado con gran recelo y castigado socialmente. Conseguir formar una buena y sólida familia se convirtió en el principal factor que volvía a alguien respetable (así como las "manchas" en la vida familiar podían llevar a otro a ser por completo despreciable).

Las normas que determinaban qué era una buena familia y en qué consistía una conducta respetable terminaron conformando un conjunto de valores al que muchas veces se hace referencia como *moral victoriana*. Incluye todos los valores de lo que podríamos considerar la más "tradicional" de las morales de hoy en día. Abarcaba (y abarca) no sólo y por supuesto la idea de la más estricta fidelidad, sino también la virtud de la virginidad. Las relaciones prematrimoniales eran severamente sancionadas por el común de la gente y la pureza (léase: la distancia o incluso rechazo de la sexualidad) se estableció como un rasgo de enorme valor (en especial para las mujeres). Es como si, durante todo este momento, la sexualidad (pero no el sexo reproductivo) fuera quedando excluida del matrimonio y de la pareja, reducida a un producto sucio e indecoroso que debe ser buscado en los bajos fondos... siendo reemplazada en la vida romántica por un sentimiento mucho más noble: el amor (y su manifestación fundamental de la época, el respeto).

Al margen de ciertas variaciones en intensidad y en especificidad, ésta es la mirada que se mantuvo hasta las últimas décadas del siglo XX y podemos encontrarla en historias que ya son de alguna manera la propia o, al menos, muy cercanas...

Menos de cien años atrás, los matrimonios en Occidente incluían el proyecto familiar y el amor, pero el goce sexual estaba completamente fuera de ese vínculo: los hombres debían satisfacerlo con otras mujeres (aquellas de "vida disoluta"); las mujeres no debían siquiera tener ese deseo so pena de ser catalogadas de inmorales.

Mi propia abuela contaba que, en los primeros tiempos de su relación con mi abuelo, cuando aun eran novios, ella solía pasar por la casa en la que él vivía todavía con sus padres. Si alguna vez mi abuelo no estaba porque había salido "de farra" con alguna muchacha que no era, como ella, para casarse, entonces la madre de mi abuelo la recibía en la puerta y le decía:

—Elías no está. Salió a comprar popelina.

Siempre era popelina, nunca otro tipo de tela. Se había establecido un código entre esas dos mujeres y ambas entendían. Mi abuela entonces no preguntaba más, se marchaba y regresaba otro día.

Hoy esto nos impresiona como una actitud de sometimiento por parte de mi abuela o de denigración por parte de mi abuelo, pero en aquel momento tal vez no lo fuese. Podría decirse que esas salidas no constituían una infidelidad pues estaban dentro de un acuerdo tácito (aunque, tristemente, sí lo hubieran sido si quien salía a comprar popelina hubiese sido ella y no él). En esos tiempos, aunque parezca mentira, la sociedad consideraba que era una muestra de respeto el que él no le pidiera a mi abuela que fuera ella la que hiciera "esas cosas".

Una novela situada tan cerca como 1962, *On Chesil Beach*,[6] del inglés Ian McEwan, relata la noche de bodas de Edward y Florence, dos jóvenes "instruidos y vírgenes":

Ojalá pudiera, como la madre de Jesucristo, llegar por arte de magia a aquel estado de hinchazón. Florence [...] creía que su problema era más grande, más hondo que el mero asco físico; todo su ser se rebelaba contra una perspectiva de enredo y carne; estaban a punto de violar su compostura y felicidad esencial. Lisa y llanamente no quería que la "entraran" ni "penetraran". El sexo con Edward no sería el apogeo del placer, pero era el precio que había que pagar.

Hoy nos horroriza esta concepción pero, lamentablemente, algo de ello todavía persiste. Hay quienes aún miran con reprobación cuando perciben en una mujer demasiado interés en el sexo o, sin ir tan lejos pero moviéndose en la misma línea, aconsejan a las chicas no revelar este interés.

Pretensiones modernas

Justo en los últimos cincuenta años la sexualidad y el erotismo han regresado a la pareja como expectativa y ésta ha vuelto a convertirse en el espacio en el que se supone y se espera encontrar satisfacción para esos deseos. Nuestra cultura moderna es de las pocas que ha intentado reunir en una única relación los tres componentes: el amor, el sexo y el proyecto. Esto implica, por supuesto, la satisfacción de muchas necesidades y muy diversas. Y constituye, por ello, un desafío enorme.

No debería sorprendernos que la pareja suela entrar en crisis o colapsar bajo el peso enorme de esta demanda desmesurada cuando, para colmo de males, se supone que debemos satisfacerla de forma exclusiva, incesante y por lo que dure nuestra vida entera (que es, gracias a los avances de la medicina, cada vez mas tiempo).

Podríamos resumir esta evolución del concepto de pareja a lo largo de la historia de la siguiente manera:

MOMENTO HISTÓRICO	INGREDIENTES ESPERADOS
Primer momento Siglo v al siglo XIII	Proyecto

MOMENTO HISTÓRICO	INGREDIENTES ESPERADOS
Segundo momento Siglo XIII al siglo XIX	Proyecto + Pasión
Tercer momento Siglo XIX y siglo XX	Proyecto + Amor
Cuarto momento Siglo XXI	Proyecto + Amor + Pasión

Durante todo este tiempo la fidelidad ha ido tomando distintos matices y se le han ido agregando distintos significados. Sin embargo, no ha dejado de estar ligada a la función que tenía en su origen: asegurar la estabilidad familiar.

Pues bien: **la función *social* de la fidelidad ya no es necesaria**.

Hemos comprendido que la filiación no pasa, en modo alguno, por la genética ni por la sangre sino por la decisión de adoptar a nuestros propios hijos (sean biológicos o no).

Hemos comprendido también, gracias a décadas de lucha, que ninguna persona puede ser considerada propiedad de otra ni ser tratada como tal en ningún sentido.

Hemos comprendido, finalmente, que la búsqueda de la unión familiar, si es que ése es un valor que queremos perseguir, no puede pasar por la restricción de las libertades de nadie.

Nuestra exploración de la fidelidad como norma cultural no parece arrojar razones que justifiquen nuestro apego a ella. Quizá, más bien, todo lo contrario.

Avistando el futuro

La validez de la norma de fidelidad quizá sea aún más frágil, en función de ciertos cambios que ya se insinúan y que tendrán profundas consecuencias en nuestra manera de vivir la pareja y la sexualidad. Un Quinto Momento, si se quiere, en nuestra precaria clasificación.

Hablo de la separación entre sexo y reproducción.

Vivimos en una época fascinante. Desconcertante, pero fascinante. La biotecnología nos ha llevado a una situación por completo novedosa en la historia de la humanidad. El desarrollo y generalización de los métodos anticonceptivos cementaron la existencia del acto sexual sin perspectivas de concepción. De modo inverso, la adopción y las diversas modalidades de reproducción asistida han terminado de establecer la posibilidad de tener hijos sin necesidad de acto sexual previo.

Dicho con más brevedad y peores modos:

**Se puede tener sexo sin tener hijos
y tener hijos sin tener sexo.**

Esta tendencia va en aumento y (me permitiré hacer un poco de futurología) creo que llegará pronto el momento en que recurrir al sexo para la reproducción será una cuestión electiva. Y tal vez incluso, un poco más adelante, minoritaria.

Los padres y madres en familias homo o monoparentales ya son evidencia de este movimiento.

Por otro lado, la edad en la que, por lo general, las parejas de hoy llegan a encontrarse en buenas condiciones psicológicas, financieras y emocionales para tener hijos, está disociada de la edad biológica en la que nuestros cuerpos están más aptos para hacerlo.

Desarrollar nuestras carreras profesionales, reunir el dinero para sentirnos seguros de poder darles a nuestros futuros hijos lo que juzgamos suficiente, experimentar todo lo que queremos vivir antes de "establecernos", generar la enorme confianza necesaria en nuestro compañero para asumir un compromiso tan grande como el que, ahora entendemos, significa tener hijos... todo eso lleva mucho tiempo. Y sucede cada vez con más frecuencia que, cuando llegamos allí, nuestros cuerpos ya no están en buenas condiciones para concebir. Recurrimos entonces a una reproducción asistida.

También será cada vez más frecuente que una pareja decida recurrir a métodos asistidos aun cuando pudieran tener hijos bajo el modo del coito; por ejemplo, porque los métodos asistidos les permitan elegir ciertos rasgos de sus hijos o evitar ciertas enfermedades. Si esto es moralmente cuestionable o no es otra discusión pero, más de allá de eso, creo que es allí hacia donde nos dirigimos.

Quizá debamos añadir a este panorama el avance de los distintos movimientos de igualdad de géneros. Si no me equivoco demasiado, todo ello debería conducirnos, más tarde o más temprano, a una disolución de los géneros. Si todo sale bien (y pareciera que así será), ya no habrá más hombres ni mujeres, ni tampoco cis ni trans, **habrá sólo personas.** Puede que aún sigan existiendo diferencias biológicas pero serán intrascendentes, el género dejará de ser una categoría que valga la pena diferenciar. Si ése fuera el caso, por supuesto no habrá tampoco ya parejas homo o heterosexuales, serán todas tan sólo parejas. Veo muy probable que, en este escenario, se establezca como modo habitual de reproducción aquel disponible a todas las parejas: el de una fertilización asistida.

Se trata, en suma, de un viraje hacia una reproducción asexual.

Ésta es una coyuntura que ha sido previsualizada muchas veces en la ciencia ficción, tanto en la literatura (*Un mundo feliz*,[7] *Nunca me abandones*[8]) como en el cine (*Matrix*,[9] *El demoledor*[10]). Sin embargo, las consecuencias de esta separación entre sexo y reproducción no han sido consideradas ni, creo, pronosticadas...

¿Continuarán existiendo en este futuro las parejas? ¿O los hijos serán, en cambio, de las personas y ya no nos juntaremos con otros para formar familia sino sólo por el mero gusto de compartir?

Cuando la clonación termine de funcionar en los seres humanos... ¿buscaremos material genético extra para tener hijos o preferiremos utilizar tan sólo el propio? ¿Será la familia estándar del futuro una díada formada por una persona y un pequeño clon de sí misma?

¿Podemos pensar que, en este Quinto Momento, la pareja deje de incluir el Proyecto y comience a tratarse sólo del Amor y la Pasión?

¿Y qué lugar tendrá el sexo en todo este panorama? ¿Terminará también por separarse definitivamente del cuerpo?

Una escena de la quizá sorprendentemente interesante película *El demoledor* ilustra cómo podría llegar a ser un encuentro sexual en estas condiciones:

En 2032, John Spartan, un policía de 1996 es descongelado para perseguir a un criminal especialmente violento. Su compañera, Lenina Huxley, es una cándida policía del futuro. En determinado momento ella le pregunta, de modo muy correcto, si desea que tengan sexo. Spartan acepta gustoso y se abalanza sobre ella. Ella retrocede espantada:

—¿Qué haces?

—¡Tener sexo! —dice él—. Ya sabes, besarse, tocarse...

—¡¿Intercambio de fluidos?! ¡¡Ugh!! —exclama ella asquea-
da—. Ya no lo hacemos así.

Le da entonces un particular casco a Spartan (y una pequeña toalla para que mantenga todo "limpio"), se sienta frente a él
a cierta distancia y se coloca un casco similar. A los pocos segundos, psicodélicas imágenes sensuales comienzan a llegar a
la mente de Spartan... la piel de Lenina, su boca, sus gemidos...
Él no puede más que excitarse. Pronto, sin embargo, Spartan
se quita el casco con rechazo e interrumpe la conexión (¿contará como acabar precozmente?). Es todo demasiado moder-
no para él... Él es, como dice algún personaje de la película, un
"neandertal".

¡Atención! No lo seamos nosotros también. No caigamos en
el facilismo de juzgar el futuro como aterrador sólo porque pueda ser muy distinto de nuestros modos de hoy... Pensar qué se
perdería y qué se ganaría en este nuevo paradigma de la reproducción, del sexo y de la pareja no es tarea sencilla y las aristas
son múltiples. Cuando menos considerar la posibilidad de que
tal vez sea allí hacia donde nos dirigimos debería volvernos más
tolerantes con las expresiones adelantadas de estas nuevas maneras con las que, de seguro, nos encontraremos con cada vez
más frecuencia.

CAPÍTULO 7

Expectativas de fidelidad

Si me han seguido hasta aquí, es posible que sientan que las bases del *deber de fidelidad* se tambalean.

Las razones religiosas y legales parecen ser necias o dañinas...

Las biológicas, inconsistentes o irrelevantes...

Las sociales, obsoletas o despreciables...

Teniendo en cuenta estas conclusiones, quizá sería ya un avance que, en lugar de decir:

—Tienes que serme fiel porque es lo que corresponde.

Dijéramos:

—Quisiera que me fueras fiel porque lo contrario me dolería mucho.

Es posible que hasta tuviéramos mejores oportunidades de que nuestro compañero respetase este deseo si lo planteamos como un pedido y no como una obligación.

Seguramente esto sea parte de una regla más general. Yo, y quizás a ti te ocurra lo mismo, me encuentro siempre más proclive a satisfacer una expectativa cuando se me invita y no cuando se me exige. Me dan muchas más ganas de ir a una cena si me dicen:

—Ven, vamos a pasarla genial.

Que si se me dice:

—¿No vendrás? ¡No puedo creerlo!

Éste me parece un camino más interesante, maduro y prometedor que el de aceptar cualquier versión dogmática. Al ir por aquí, sin embargo, nos encontraremos pronto con una dificultad que, al pensar la fidelidad como un deber, quedaba amortiguada por la presencia de un *código externo*, de algo o alguien superior que nos decía cómo teníamos que comportarnos.

La línea

Librados en cambio a decidir nuestros propios códigos, tendremos que respondernos esta pregunta: ¿cómo establecemos qué es razonable pedir?

Supongamos una pareja en la que uno de ellos, siguiendo la forma que delineamos más arriba, le dice al otro:

—Lo único que te pido es que jamás te acuestes con otra persona. Me dolería mucho si lo hicieras.

Lo más probable es que la mayoría de nosotros nos sintiéramos inclinados a considerar que es un pedido razonable y que lo adecuado es que el otro respete esta condición.

Pero supongamos ahora que el que habla dijese:

—Lo único que te pido es que jamás cenes a solas con otra persona. Me dolería mucho si lo hicieras.

En este caso, el pedido ya parece como un tanto inadecuado. Probablemente nos inclinaríamos a no hacerle lugar y a juzgar que quien lo formula es quien debe hacer el ajuste.

Sin embargo, si la cuestión es evitar aquello que le causaría dolor a mi pareja, ambos reclamos deberían ser igual de válidos. Pues de hecho sucede, y con muchísima frecuencia, que alguien se siente verdaderamente ansioso y angustiado, incluso relegado o despreciado, porque su pareja va a cenar a solas con otra persona.

Evidentemente, la cuestión no se soluciona concluyendo:

—De acuerdo. Si el simple hecho de que vaya a cenar con alguien más te pone mal, no lo haré.

Porque también podríamos imaginar a alguien que dijese:

—A mí me angustia que hables con otras personas cuando yo no estoy.

¿Y ahora?

¿Debemos una vez más hacer lugar a este pedido para evitarle el dolor o la inquietud a nuestra pareja?

Claro que no.

Podemos tal vez comprender este dolor y hasta intentar ayudar a calmarlo, pero la manera de hacerlo no es dejar de hacer todo aquello que al otro le duele. El hecho de que a mí me dolería que hicieras tal o cual cosa, no parece ser razón suficiente para concluir que tengo derecho a exigir que no lo hagas.

Necesitamos, al parecer, algún criterio para diferenciar la primera situación de todas las demás pues, si acuerdas conmigo en que los celos son siempre tóxicos, las segundas situaciones son inaceptables. Pero ¿dónde trazamos la línea?, ¿dónde termina una sana (o por lo menos atendible) pretensión de fidelidad y comienzan los celos?

Se podría, imagino, argumentar lo siguiente: los celos se aplican a los prolegómenos o los aledaños del sexo, mientras que la pretensión de fidelidad recae sobre el acto sexual propiamente dicho.

Sería algo así:

—Yo no soy celoso en absoluto. Puedes hacer lo que tú quieras con quien quieras, salvo tener sexo.

Ésta parece una posición muy razonable y, además, muy evolucionada. Adolece, sin embargo, de una falla fundamental que la hace desmoronarse por completo. Es la que se evidencia en el siguiente diálogo imaginario:

—¿Cuándo consideras que hubo infidelidad?
—Cuando mi pareja tuvo sexo con alguien que no soy yo.
—¿Sexo con penetración?
—No importa. Cualquier tipo de sexo.
—¿Y cuándo consideras que hubo sexo?
—Cuando estuvieron juntos, desnudos.
—¿Y si no se quitaron la ropa? ¿Si sólo se revolcaron en la cama?
—También es infidelidad.

—¿Y si sólo se besaron?

—Mmmm... Depende, ¿qué tipo de beso?

—Un beso apasionado.

—¡Ah! Entonces sí, es infidelidad.

—¿Y si es uno de piquito, no?

—Y... Uno de piquito no significa demasiado.

—O sea que la infidelidad depende de cuánto se abre la boca.

—No, lo que pasa es que en realidad depende de la intención.

—Entonces si quiere acostarse con otra persona es infidelidad.

—Sí.

—Aunque decida no hacerlo...

—Bueno, si no lo hace no.

—Pero tenía la intención...

—Pero no lo hizo, eso es lo importante.

—¿En qué quedamos? ¿Es la intención o el acto?

—No sé...

Otra versión posible:

—¿La masturbación es infidelidad?

—¡No!

—¿Y si se masturba pensando en otro?

—Tampoco (ya no me gusta), pero tampoco.

—¿Y si se masturba pensando en otro con un vibrador?

—Aunque me pese, no es infidelidad.

—Y si se acuesta con un tipo por el que no siente nada, que ni siquiera sabe cómo se llama, con el que ni se habló, que fue sólo un pene para ella... ¿es infidelidad?

—Sí, ahí sí.

—¿Por qué?

—Porque había otra persona.

—Pero para ella no era otra persona, era un pene.

—Es diferente.

—¿Cuál es la diferencia? ¡¿El material del que está hecho el vibrador?!

Una versión más, de la era digital:

—¿Mirar pornografía es infidelidad?

—No.

—¿Y tener cibersexo a través de una videollamada?

—Sí.

—¿Y tener una conversación hot en un chat con un desconocido?

—Sí, sí, también.

—¿Y tener una conversación hot con un software de inteligencia artificial?

—Diría que no...

—¿Y si tu pareja no sabe si es una persona o un software?

—???

Podemos imaginar muchas situaciones como éstas y en todas llegaremos a la misma encrucijada... Si intentamos definir la infidelidad con base en "situaciones concretas" terminamos con un límite que es tan arbitrario que bordea lo ridículo. ¿O les parece sensato hacer pasar la fidelidad, con todo lo que conlleva y con todo lo que alrededor de ella ponemos en juego, por cuestiones tan nimias como cuánto se abre una boca?

Además de caprichoso, el límite resulta sumamente impreciso. Y lo que al reproducirlo en diálogos como los anteriores puede parecer un punto casi cómico, en la práctica nos conduce a interminables discusiones sobre si lo que hiciste (si esa mirada, ese toque, ese comentario en el Facebook) están dentro de lo aceptable o no.

Podría pensarse que, dado que no puede trazarse una línea universal entre lo permitido y lo prohibido, tal vez la solución esté en que cada pareja acuerde sus propios límites. Esto suena muy bien, ¿verdad? Cada pareja decide qué cosas se tolera mutuamente y qué cosas no... El problema es que aun así terminamos siempre por encontrarnos con situaciones en las que uno considera que lo que hizo estaba dentro de lo acordado y el otro que no...

Almendro y Pino coinciden en un fiesta de música electrónica. Se encuentran allí con amigos. Charlan un poco, toman algo de alcohol y tal vez algo más. La noche avanza y la música comienza a subir en volumen e intensidad. Almendro, Pino y los demás bailan, saltan y se dejan llevar por el frenético ritmo. En algún momento Almendro y Pino se miran muy de cerca, como si nadie más estuviese allí; se pierden en uno de esos raros momentos de profunda conexión.

Cuando la noche avanza, Pino siente el calor y el cansancio. Intentando gritar por encima de la música le avisa a Almendro que irá al baño. Almendro asiente con la cabeza, dando a entender que esperará allí. El baño está lejos y el lugar concurrido. Pino tarda un buen rato en regresar. Cuando finalmente se acerca al lugar donde estaban, ve, entre la gente, a Almendro bailando con alguien del grupo. Los rostros tan cerca como antes estaban los suyos. Se toman de las manos, sus cuerpos prácticamente se tocan.

Pino se paraliza frente a la escena. No sabe qué hacer. Da media vuelta y camina un poco por el lugar, sin rumbo. Finalmente decide irse a casa.

EXPECTATIVAS DE FIDELIDAD

Cuando al día siguiente discutan lo sucedido, Almendro acusará a Pino de haberse ido así, sin avisar.

—Me estabas engañando ahí mismo. ¿Qué querías que hiciera? —responderá Pino.

—¡No te engañé! —protestará Almendro.

—Estaban prácticamente besándose.

—Estaba bailando, sintiendo la música, te conectas con otros... tú sabes cómo es.

—Ahí pasaba otra cosa.

—¡No! Es lo que hablamos, lo que pasa en las fiestas. Tú también lo haces.

—No así. Te fuiste al diablo.

—¿Si no lo ibas a soportar por qué lo aceptaste?

—Esto no es lo que hablamos... ¡¿a ti te parece que yo tengo que aceptar que te enredes delante de mí?!

Lamentablemente, la idea del "acuerdo específico" para cada pareja tampoco funciona. No es posible hacer una lista exhaustiva de todos los comportamientos posibles para determinar cuáles se toleran y cuáles no. Sería interminable y, como vimos, no dejaría de estar abierta a interpretación.

¿Lo que importa es la intención?

Llegados a este punto surge con naturalidad la idea de que, para evitar todas estas arbitrariedades, debemos privilegiar la intención.

Para determinar si hubo infidelidad deberíamos, según este criterio, fijarnos en lo que alguien siente, piensa y, sobre todo, pretende al momento del encuentro con otro; no en los actos en sí mismos. Aunque, claro, surge otra complicación: si aceptamos esta propuesta, habría que concluir que desear, mirar o fantasear (y ni hablemos de coquetear) constituirían también una infidelidad.

Si éste es el caso, entonces la fidelidad es *casi* imposible.

Y digo *casi* porque estoy dispuesto a darle el beneficio de la duda a aquellos que sostienen que nunca han deseado ni fantaseado, ni mirado "con esos ojos" a alguien que no fuera su pareja. Estoy dispuesto dije, aunque lo cierto es que me resulta difícil de creer. ¿Cómo funcionaría eso?: una persona soltera encuentra atractivas a varias otras. Luego, se pone en pareja con una de ellas y… ¡al instante pierde la capacidad de ver el atractivo en todas las demás! Sospechoso.

Pero dejemos de lado mi suspicacia. Incluso cuando esta "fidelidad de intención" no sea una cuestión del todo imposible, jamás será algo que podamos exigirle a nuestro compañero. Los adultos podemos decidir si nos acostamos o no con determinada persona, pero no podemos decidir si nos resulta atractiva: eso es algo que nos sucede o no, pero que está más allá de nuestra voluntad.

No puedo decirle a mi esposa:

—Te prohíbo que te calientes con otro que no sea yo.

Aun si ella quisiera cumplir con mi pedido, ¿cómo lo haría? ¿Qué tendría que hacer para acatarlo, caminar por la calle con orejeras como los caballos? Pues sí. Eso es de hecho lo que intentan las parejas que pretenden fidelidad de intención y de pensamiento: restringir el mundo del otro tanto como para que no se cruce con nadie que pueda despertarle esos apetitos…

Si la fidelidad de pensamiento no es algo que se pueda

pedir, tampoco creo que sea algo que razonablemente se pueda esperar. Pensar que no hay otra persona en el mundo que tenga atributo alguno que pueda resultarle atractivo a mi esposa es absurdo. Pensar que no hay otra persona que jamás podría divertirla, contenerla, aconsejarla, excitarla, cautivarla, acompañarla o escucharla mejor que yo, es, o bien de una pedantería enorme, o bien de una ingenuidad lamentable.

Demandar fidelidad de intención es pretender que no haya lugar en tu corazón ni en tu mente para nadie más que para mí. Perseguir esa condición es tan agotador (porque nunca lo conseguiré) como mezquino (porque el medio para intentar conseguirlo es empobrecer tu vida emocional). Así, está en nuestro mejor interés (y el de nuestras relaciones) hacer el máximo esfuerzo por deshacernos de esa expectativa. O, al menos, debilitarla tanto como podamos.

La fidelidad de pensamiento es algo para descartar.

Y sin embargo…

Sin embargo, por irrazonable que sea creo que, en el fondo, eso es exactamente lo que anhelamos cuando queremos fidelidad: que el otro no piense en alguien que no sea yo.

Si las acciones, si lo que pasó con los cuerpos, nos importa es fundamentalmente porque nos habla de una intención. De lo que nuestra pareja quería, pensaba o deseaba. Que el hecho se consume nos hace más daño (además de por otras razones que veremos más adelante) porque es una comprobación inequívoca de que había otro u otra en sus deseos. Mientras todo quedaba en el campo de lo hipotético, todavía había lugar para una aliviadora duda…

Para comprobarlo, imagina esta situación: te enteras de que tu pareja estuvo la noche anterior en un hotel de paso. Estuvo una hora en una habitación, solo o sola. Esperaba a un hombre o a una mujer con quien había quedado en encontrarse. La otra persona nunca apareció. Finalmente tu pareja se cansó de esperar, juntó sus cosas y volvió a casa. Nada sucedió: ni un mínimo roce. Sin embargo, es probable que muchos consideraran que allí hubo infidelidad. Y aun a los que no lo considerásemos así, nos dolería enterarnos de lo acontecido.

¿Por qué?

Porque lo que duele es, en efecto, que nuestra pareja pueda desear a otro.

Llegamos así a la conclusión de que detrás de toda pretensión de fidelidad se encuentra lo mismo que está detrás de cualquier demanda de celos. Parece más razonable porque toda la cultura la sustenta, pero en el fondo se trata de la misma cosa.

Es una conclusión difícil de aceptar. No creas que para mí lo fue menos. Le he dado vueltas a esta cuestión muchas veces, intentando encontrar algún vericueto por donde escapar. No lo he encontrado.

Vale, sí, una salvedad. El hecho de que la pretensión de fidelidad y los celos sean a un nivel fundamental la misma cosa, no implica que en la práctica sean igualmente tóxicos. Por supuesto que no es lo mismo (ni deben ser tratados igual) alguien que no tolera la más mínima insinuación de la presencia de un tercero que alguien que mantiene interna y silenciosamente la razonable expectativa de que su pareja no le sea deliberadamente infiel. Es una gran diferencia aunque sea, en el fondo, una cuestión de magnitudes.

Hubiera querido decir otra cosa... pero no puedo dejar de ver (aun en mí mismo) que el anhelo de fidelidad es un intento de calmar el miedo a ser reemplazado bajo el modo de proclamarse irreemplazable. Y si bien ese miedo es comprensible y posiblemente universal (todos tememos perder el lugar que tenemos para aquellos a los que amamos), el método es tanto inefectivo como potencialmente tóxico.

¿Cuán lejos llegaremos?

Sería deseable entonces trabajar para encontrar otras vías para apaciguar nuestras inseguridades. Esforzarnos en dejar de lado la pretensión de ser únicos, así como el recurso de restringir la libertad de nuestro compañero.

¿Cuán lejos podrá y querrá llegar cada uno en este camino?

Hace algunos años, conocí a Lima. Lima luchaba desde hacía ya tiempo con el sobrepeso. Había hecho todas las dietas habidas y por haber y había seguido todas las estrategias para adelgazar. Invariablemente conseguía bajar de peso pero, invariablemente también, volvía a subirlo.

Como era una persona inteligente y dispuesta a bucear en la profundidad de sus emociones, se dijo: "Debe ser que no quiero bajar de peso". Comenzó entonces a preguntarse qué razones podía tener para no querer bajar de peso. Esto fue lo que encontró: Lima era una persona atractiva y se daba cuenta de que cautivaba no pocas miradas; cuando perdía algo de peso, eso le sucedía aún más. "Si bajo de peso —comprendió—, no sé si podré seguir siéndole fiel a Sauco."

A los pocos días, el tema de su sobrepeso surgió en una conversación con Sauco, su pareja, y Lima se encontró, de pronto, contándole la conclusión a la que había llegado.

La revelación impactó a Sauco. Permaneció en silencio un momento. Luego, con firmeza, le dijo a Lima:
—Adelgaza. Yo prefiero tu felicidad a tu fidelidad.

Yo, personalmente, me quito el sombrero frente a Sauco. ¿Qué impulsó esta enorme generosidad? No tengo duda alguna: el amor.

Este episodio es, para mí, una de las mejores demostraciones de lo que un buen amor es. Un amor que empuja al otro a que crezca, a que se supere, a que florezca en todo su esplendor... Un amor que no se amedrenta ni se retira frente a las propias inseguridades, que no entrega al ser amado a una vida más pobre de lo que podría vivir a cambio de una ración de seguridad.

SEGUNDA PARTE

Durante

CAPÍTULO 8

En la duda

Para muchas parejas, la vivencia de la infidelidad comienza así: uno de ellos supone que su compañero le ha sido infiel; el otro lo niega. Las acusaciones de uno y las excusas del otro se repiten una y otra vez.

Una pareja puede persistir en este estado de indefinición, de duda y de sospecha por muchísimo tiempo. En ocasiones incluso pueden quedar detenidos en esa condición, sin que la situación decante nunca hacia una infidelidad confirmada ni hacia una restauración de la confianza. Estas parejas sufren un lento desgaste o son atacadas por episodios periódicos de rabiosa suspicacia.

¿Cómo habremos de tratar estas situaciones?

¿Son éstos casos de celos o se tratan de un preludio de la infidelidad?

Quiero saber la verdad

Pareciera que las aguas se dividirían así: celos es cuando no sucedió, infidelidad es cuando sucedió. Las tablas se dan vuelta por completo de un caso a otro: si la acusación demuestra ser verdadera, entonces quien acusaba era un perspicaz observador y el otro, un malvado... En cambio, si la sospecha demuestra ser infundada, entonces el acusado era un mártir incomprendido y el acusador un paranoico total... De aquí que determinar o demostrar *la verdad* termina por convertirse casi en una obsesión para las muchas parejas que se encuentran en esta fase de indefinición.

Los modos en que se intenta descubrir qué es lo que realmente sucedió son variados: preguntas eternas soltadas al pasar, verdaderas sesiones de interrogatorios casi policiales, investigaciones detectivescas con conocidos o posibles "informantes" y, fundamentalmente, intrusiones en la intimidad del otro.

Hoy en día la tecnología ha generado por un lado un campo enorme en el cual internarse para descubrir la verdad (mails, redes sociales, teléfonos celulares) y por otro diversas herramientas que permiten fisgonear, seguir, monitorear y vigilar al otro. Algunos acceden sin permiso a las plataformas o dispositivos de su pareja, otros intentan descifrar contraseñas, hay quienes se atreven a servirse incluso de rastreadores GPS o de verdaderos hackeos, y también quienes utilizan estrategias más complejas, verdadera tramas de intriga, como la de crearse perfiles falsos para seducir al otro desde alguna red social y comprobar si se mantiene fiel.

Está claro que todas estas invasiones a la privacidad son tanto éticamente reprochables como peligrosas: terminan siempre mal.

En primer lugar porque invariablemente se acaba por encontrar "algo". Quien se inmiscuye en la intimidad de su compañero está predispuesto a encontrar, precisamente, indicios de algún tipo de infidelidad e interpretará cualquier hallazgo de dudoso significado en ese sentido. Rara vez lo que se encuentra es tan concluyente como para que la situación deje de ser una de sospecha. En general, se trata sólo de más pistas: huellas, rastros, indicaciones vagas y sugerencias equívocas. Con lo cual lo único que se consigue es alimentar el círculo de desconfianza que se vuelve cada vez más pernicioso.

No encontrar "evidencias" tampoco detiene la conducta. Nadie se queda tranquilo luego de revisar el teléfono de la pareja sin hallar nada sospechoso y concluye:

—No me engaña.

Sólo piensa:

—Todavía no lo he encontrado... ¿dónde más puedo buscar?

En segundo lugar porque manejarse a través de la vigilancia y el control genera cada vez mayores redes de ocultación y de mentiras. El compañero del "detective casero" concluye con rapidez que éste no está preparado para soportar ninguna situación que incluya la participación (aunque sea inofensiva) de un tercero y, en consecuencia, cada vez está más proclive a ocultar y manejarse en la clandestinidad. No tiene confianza en que el otro podría soportarlo.

—¿Y qué hay de mi confianza? —podría decir alguien que haya sufrido un engaño—. ¿No la vulneró el otro primero cuando se acostó con otra persona?

Puede que sí. Pero, por un lado, ninguna transgresión justifica que se cometa otra en el sentido opuesto y, por otro, el fisgón ni siquiera tenía certeza de la traición de su compañero cuando decidió cometer la suya.

—*¿Qué fue a hacer Araucaria a tu estudio el otro día?*

—*¿Cómo sabes que Araucaria estuvo allí?*

—*Eso no importa. ¡¿Qué hacía?!*

—*Dime cómo lo sabes.*

—*Te seguí. ¡Y creo que fue para bien! ¡De otro modo no me hubiera enterado de nada!*

—*Vino a terminar una presentación que estaba retrasada.*

—*¿Ah, sí?*

—*Así es.*

—*Si hubiera sido sólo eso no me lo hubieras ocultado.*

—*Si no te cuento es porque sé cómo te pones con estas cosas... mira el escándalo que ya estás haciendo.*

—*¡Si me enojo es porque me ocultas cosas!*

—*Te hubieras enojado igual si sabías que Araucaria venía...*

Ambos se equivocan (¡aunque no en la misma medida!).

Evitar un posible conflicto no es una buena razón para ocultar. Pero eso no justifica retroactivamente la vulneración de la intimidad. Invadir los espacios privados de nuestro compañero nunca es aceptable. Tampoco, claro está, favorece que el otro sienta que puede ser sincero.

Como ya he escrito alguna vez: **si uno quiere que le digan la verdad, lo mejor que puede hacer es dar muestras de que puede escucharla, cualquiera que sea.**

Aun cuando consigamos mantenerlos alejados del fisgoneo y la intromisión, perseguir el objetivo de *descubrir la verdad* puede demostrar ser una tarea sorprendentemente elusiva.

Ya discutimos lo difícil que resulta determinar si lo que sucedió constituye o no una infidelidad. Aun cuando pudiéramos dejar de lado todos esos problemas de definición y nos encontrásemos frente a una situación en la que no hubiera lugar para arbitrariedad alguna, tendríamos que vérnoslas con la ardua labor de determinar si en efecto sucedió lo que se supone.

—Me mentiste, fuiste a su departamento y estuvieron juntos toda la noche. ¿No te parece infidelidad?
—Lo sería, claro. Si eso fuera lo que pasó... pero no fue así.

El intento de eliminar toda duda y de confirmar la infidelidad lleva a muchas personas o a muchas parejas a una espiral verdaderamente enloquecedora. Una pesquisa tras otra pesquisa, un indicio tras otro indicio, una pregunta tras otra pregunta...

¿Cuándo una comprobación es suficientemente "comprobante"?

Aun en los casos que parecen más evidentes puede haber espacio para alguna excusa más o menos creíble:

—Vi fotos tuyas entrando a un hotel de paso con alguien.
—No era yo. Te equivocas.

—Leí mails en los que le dices cuánto te gustó la última vez que se vieron y lo que quieres hacerle la próxima.
—Es todo una fantasía, nunca pasó nada.

Se puede tildar de ingenuos a los que estuvieran dispuestos a creer en estas explicaciones, pero yo no sería tan duro... En primer lugar, ninguna mentira es tan fácil de creer como la que a uno le gustaría que fuera verdad y la tentación de evitar la tormenta que el descubrimiento de una infidelidad trae consigo puede ser grande. En segundo lugar, por extrañas y ridículas que sean estas explicaciones... ¿qué si se diera el improbable caso de que fueran ciertas?

¿Recuerdas el caso del mensaje de texto en el teléfono de Nogal, del capítulo 3? Sé, de buena fuente, que en efecto era un mensaje equivocado. ¿Y si nuestro propio caso resultara, sorprendentemente, ser como ése?

¿Nos atreveríamos a internarnos en el sombrío mundo de los cuernos si existiese la más mínima posibilidad de que fuera innecesario? ¿Nos atreveríamos a imponer a nuestro compañero la condena que habitualmente conlleva la infidelidad si existiese aunque sea una pequeña oportunidad de que fuera injusta?

Probablemente no.

La tarea de hallar la verdad puede no sólo ser interminable sino también tremendamente desgastante. No son pocas las ocasiones en que esta intención conduce demasiado cerca de los malos tratos e incluso de la violencia, más o menos descarada. Sobra decir que tampoco los comentarios filosos, las acusaciones solapadas o los gestos de desprecio que quienes sospechan de una infidelidad suelen dirigir a su pareja se justifican *luego* porque se demuestre la veracidad de la acusación. Todas estas conductas están siempre fuera de lugar.

Se entiende que quien tiene indicios que no puede terminar de certificar sienta impotencia y que esa sensación espolee cierta hostilidad hacia su compañero. Pero habrá que encontrar otro camino para salir de esta incómoda situación.

Mi propuesta es radical: **si intentar descubrir la verdad es tan fútil como dañino, lo que debemos hacer es dejar de buscarla.**

¡¿Pero entonces?! ¿Qué hacemos con estas situaciones de sospecha?

Una primera propuesta

Durante algún tiempo, lo que hemos discutido en este capítulo me llevó a esta conclusión: todas estas discordias deben ser consideradas casos de celos. Sólo estamos en el campo de la infidelidad cuando hay una confesión por parte de quien, hasta ahí supuestamente, ha engañado.

Toda situación que tenga esta estructura:

—Me engañaste.
—No lo hice.

debería ser tratada como un caso de celos.

Dado que distinguir los casos en que se trataría de una infidelidad negada implicaría buscar la verdad (con todos los problemas que ya vimos) y que asumir todos como infidelidad sería una catástrofe, pareciera que no tenemos otra opción.

Pensar estas situaciones como celos implicaría que quien sospecha es quien debería trabajar sobre sí mismo para hallar de dónde provienen sus inseguridades y sus fantasmas. Debería abandonar la pretensión de que su compañero deje de hacer tal o cual cosa para calmar sus angustias. Tendrá que dejar de lado el enojo y las acusaciones para, en todo caso, reemplazarlas por una sincera charla con su pareja en la cual exponer sus temores sin responsabilizar al otro por ellos. Lo que sería interesante obtener debería ser una ratificación del amor o del deseo que su pareja siente, no una comprobación de "buena conducta".

Esta postura tiene, a mi entender, dos grandes virtudes:

La primera es que apuesta a creer en nuestro compañero. Creer en lo que nuestra pareja nos dice me parece una condición tan fundamental en una relación que me es difícil imaginar una pareja sana que no la cumpla. ¿Cómo vamos a construir cualquier cosa juntos si no creemos en lo que el otro dice? Si no creo en lo que me dices, entonces no hay diálogo posible. En ese sentido, creer es mucho más importante que decir la verdad. Si tú me mientes y yo te creo, por lo menos puede haber una conversación. Tendrá, de seguro, algunos puntos con una base algo inestable, pero no todo lo que se diga será mentira. Algo diremos que nos permita ir avanzando a partir de allí. Como mínimo, tú sí te enteras de lo que a mí me pasa puesto que yo sí estoy siendo sincero. En cambio, si yo no te creo lo que me digas, sea que tú mientas o digas la verdad, la conversación no puede ni arrancar:

—No había nadie más.
—No te creo.
—De verdad: no había nadie.
—No te creo.
—Te lo juro: no había nadie.
—No te creo.

¿Qué más puedes decirme? Evidentemente, no mucho.

Tan fundamental es la premisa de creer en nuestra pareja que considero que siempre debemos hacer nuestro mayor esfuerzo por apegarnos a ella y creer. Aun cuando todo apunte en el sentido contrario y cuando sospechemos que el otro tendría buenas razones para mentir.

Si no logramos creer en nuestra pareja, es muy probable que nuestra relación tenga un problema, más allá de que el otro esté diciendo la verdad o no.

En ocasiones, cuando he sospechado que alguno de mis hijos habría hecho alguna travesura que luego se sentía atemorizado de admitir, he utilizado la siguiente fórmula:

—¿Fuiste tú?

—Mmmm... no —dice el pequeño con aire culposo.

—Te lo voy a preguntar una vez más, pero ten mucho cuidado con lo que me respondas porque lo que me digas te lo voy a creer. ¿Fuiste tú?

Les aseguro que, cuando sabes que el otro va a creerte lo que le digas y que actuará en consecuencia, mentir se pone mucho más difícil. En mi experiencia, luego de esta formulación, mis hijos casi siempre han dicho, bajando la cabeza:

—Sí, fui yo... lo que pasó fue que...

Si no sucedió así y sostuvieron una dudosa inocencia, no fueron pocas las veces en las que la confesión llegó unas horas más tarde o al día siguiente, cuando el temor a las represalias, que comprendieron no llegarían, disminuyó. Y aun en los pocos casos en que mantuvieron lo que yo todavía creo que fue una mentira, estoy convencido de que a la larga ha sido mejor para nuestro vínculo el que ellos sepan que yo creo en ellos, me digan lo que me digan. Estoy seguro de que saben que mentirme tiene la enorme consecuencia de que yo les creeré (y, por ende, se quedarán solos con lo que de verdad les ha sucedido).

Es cierto que nuestras parejas no son niños y que no tenemos con ellos un vínculo de asimetría y guía como lo tenemos con nuestros hijos. Aun así no me parece una mala estrategia:

—Ten cuidado con lo que me dices porque lo que me digas, lo creeré.

Creo bastante probable que nuestro compañero lo piense dos veces antes de mentir. Y, como dije ya, aun cuando decida hacerlo, estaremos fortaleciendo el vínculo en lugar de deteriorarlo con suspicacias.

La segunda virtud de considerar todos estos casos inciertos como asuntos de celos es que ésa es, sin duda, parte de la verdad. Puede que no sea toda la verdad, pero es una parte. Quiero decir: indudablemente en estas situaciones hay alguien (quien expone sus sospechas) que está celando; puede que además hubiera alguien que haya sido infiel, pero eso no lo sabemos. El hecho de que el otro haya sido infiel no quita que sean celos lo que el primero experimenta.

Una lúcida persona que conocí me lo expuso una vez así:

—*Ayer Hibisco me hizo una escena de celos. Me enojé bastante, me ofendió que desconfiara de mí.*
—*Pero tú estás teniendo un affaire con alguien más.*
—*Sí, pero Hibisco no sabe nada de eso. Así que desde su perspectiva es lo mismo. Es falta de confianza. No me gusta.*

Puede parecer un tanto cínico pero creo que está en lo cierto. Como decía un viejo colega: que a uno lo persigan de verdad no quita que uno sea un paranoico. Del mismo modo, que a uno le sean infiel no quita que uno sea un celoso y, en ese sentido, es adecuado trabajar sobre esos celos.

Segunda propuesta

Sin embargo, como ya anticipé, después de algún tiempo me vi forzado a descartar esta conclusión o, al menos, a relativizarla. No *todos* los casos en que no hay admisión por parte de quien supuestamente ha engañado se llevarán mejor considerándolos como casos de celos (aunque quizá la propuesta siga valiendo para la mayoría de ellos).

Como comprendí después de algún tiempo ésta es una postura demasiado idealista. Debo reconocer que hay casos en que, más allá de las negativas del infiel, la evidencia es verdaderamente abrumadora. En esas situaciones uno no puede cerrar los ojos a lo innegable por más que le gustaría hacerlo. Sería una ingenuidad.

Otros casos que escapan a la primera propuesta son aquellos en los que alguien, por más que entienda la importancia de creer en los dichos de su pareja, no consigue hacerlo. Lo intenta con voluntad, pero, sencillamente, no consigue confiar.

¿Y entonces? ¿Debemos volver a la búsqueda de la verdad y su confirmación? No.

Cuando alguien se encuentra frente a la absoluta convicción interna de que su pareja le ha sido infiel, entonces debe dar por cierta esa conjetura y no buscar más. Deberá ahora decidir cómo lidiar con esa situación, pero ya ha llegado a una definición.

Hace algunos años atendí a Lapacho y Abeto, una pareja que llevaba ya treinta años de casados. Desde el primer año de casados, Lapacho sospechaba que Abeto había tenido una aventura. Hacía veintinueve años que tenían una y otra vez la misma discusión:

—*¿Tú me engañaste?*

—*No.*

—*Dime la verdad.*

—*Te estoy diciendo la verdad.*

—*Me engañaste.*

—*¡Te dije que no!*

Este diálogo, casi calcado, se repetía con frecuencia sorprendente. Lapacho ya no lo soportaba. Abeto ya no lo soportaba y, luego de haberlo escuchado dos o tres veces tan sólo en la primera sesión, tampoco yo lo soportaba. De modo que dije:

—*Vamos a ponerle fin a esta cuestión hoy mismo.*

Luego me dirigí a Abeto y le dije:

—*Te lo voy a preguntar una última vez. ¿Puedes disponerte a decir la verdad?*

—*Sí —dijo Abeto.*

—*Y tú —le dije a Lapacho—, ¿puedes disponerte a creerle?*

Lapacho pensó un momento y dijo:

—*No.*

¡Entonces la pregunta no tiene sentido!

Si Lapacho no va a aceptar otra verdad que no sea que Abeto le fue infiel, entonces ya decidió: Abeto engañó. Sea una equivocación o no, eso es lo que Lapacho piensa y tendrá que decidir qué hacer con eso, pero seguir eternamente preguntando algo que ya se ha juzgado es tan inútil como agotador.

Llegados hasta aquí y dado que la dinámica es más o menos frecuente, tal vez valga la pena detenernos a pensar qué puede llevar a alguien a preguntar una y otra vez, directa o indirectamente, algo que, en el fondo, ya se sabe o se ha decidido.

Se me ocurren dos posibilidades:

La primera es que Lapacho pretenda que Abeto le mienta tan pero tan bien, que finalmente le haga cambiar de opinión. Lamentablemente se encuentra, cada vez, con que las negaciones no logran el convencimiento esperado.

La segunda posibilidad es que Lapacho no sólo haya decidido que Abeto le fue infiel sino que también haya decidido continuar con la relación aun sabiéndolo... pero no puede admitirlo. Hace como si no supiera para poder sostener que, si sigue con Abeto, es porque tiene dudas. Seguir preguntando es tanto un modo sutil de decirle: "No vuelvas a hacerlo" como un modo de evitar la vergüenza que conlleva confesar que lo ha consentido (hablaremos más sobre esta vergüenza más adelante).

Como sea, cuando nos encontremos frente a este convencimiento interno tendremos que tratar la situación como una de infidelidad. Equivocados o no, deberemos lidiar con eso. Abandonar todos los métodos de comprobación: tanto las preguntas eternas como las pesquisas indiscretas. Es probable que nos encontremos con cierta resistencia a ello.

Quizás incluso nos demos cuenta de que todo lo que fervientemente hacíamos para conseguir confirmación, estaba un poco destinado a *no* terminar de confirmar lo que en realidad ya sabíamos... Un modo de intentar desesperadamente mantenernos detrás del umbral, porque todos sabemos, lo sentimos en la piel, que una vez del otro lado nos aguarda un profundo dolor y tiempos que pueden ser muy duros.

Y, sin embargo, ahora, nos toca cruzarlo.

CAPÍTULO 9

La revelación

La revelación de una infidelidad puede llegar de distintas maneras.

En ocasiones, alguien, movido por las sospechas, encuentra lo que busca.

En ocasiones, alguien decide dejar de buscar y acepta lo que en el fondo ya sabía.

En ocasiones, terceros bienintencionados (o no tanto) se toman la atribución de desenmascarar al transgresor.

En ocasiones, es un hallazgo fortuito lo que pone la situación al descubierto (alguien encuentra lo que ni buscaba ni imaginaba).

Frente a estos últimos casos, los de fuera suelen sentenciar:

—Si fue descubierto es porque, en el fondo, quería serlo.

Él o ella dejó eso ahí..., lo comentó con quien no debía..., anduvo por los sitios equivocados..., o presionó el botón errado en su teléfono... a propósito.

—En realidad quería que su pareja se enterara.

Porque no podía con la culpa... porque quería terminar esa relación... porque quería que su pareja sufriese... Porque esta infidelidad, concluyen los que hacen alarde de saber, estaba "dedicada" a su pareja.

Tonterías. En todos mis años de clínica jamás me he cruzado con un caso donde esta hipótesis tuviera algún sustento consistente. En la gran, enorme mayoría de los casos, lo que hay son errores o descuidos. Si alguno de estos descuidos parece ingenuo, previsible o directamente estúpido creo que eso se puede adjudicar más al hecho de que mentir, ocultar y mantenerse en la clandestinidad es agotador que a un deseo de ser atrapado.

Recordemos que cuanto más dure un affaire (o cuantas más relaciones clandestinas se tengan), las oportunidades para que algo salga mal se multiplican y un solo error puede bastar para que toda la ingeniería del ocultamiento se venga abajo.

Más aún hoy en día, cuando la inmensa mayoría de las revelaciones llegan a través de dispositivos tecnológicos o plataformas digitales.

La información fluye por estos medios a caudales, de modo que no es extraño que sea a través de ellos como la verdad nos alcance. La tecnología es traicionera: tanto para quien es infiel (porque puede brindar un acceso a lo que pretendía mantener oculto) como para los engañados (porque puede accidentalmente lanzar delante de sus ojos lo que preferirían no saber):

—Se fue todo al diablo. Me revisó el teléfono y encontró las conversaciones. ¡Pensé que las había borrado! No sé cómo hizo.

—Me llegaron mails con una encuesta sobre un viaje para dos tomado el fin de semana pasado... Me había dicho que se iba a un congreso... Me mintió. Se fue con alguien.

Muchos han condenado la era de la comunicación por suponer que ha multiplicado la posibilidad de encuentros clandestinos entre las personas. Es posible; pero si ha facilitado la concreción de affaires, de seguro también ha dificultado que permanezcan en la clandestinidad. Como dice Aziz Ansari en su libro *Modern Romance*:[1] nunca fue más fácil que hoy tener una aventura, nunca fue más difícil no ser descubierto.

Primeras reacciones

Imprevista o buscada, la revelación nunca deja de ser un enorme golpe. Es como un tremendo puñetazo a la quijada que nos deja dando vueltas en medio del ring, desorientados y atónitos sin saber hacia dónde está el rincón al que tendríamos que volver para, al menos, conseguir algo de aire.

Al instante y en los días que siguen nos sentimos atropellados por una gran cantidad de sensaciones displacenteras. Todas ellas de gran intensidad: angustia, dolor, rabia, indignación, vergüenza... A veces el miedo se agrega a este coctel, a veces incluso el odio.

Es muy habitual que nuestras reacciones cambien radicalmente de una hora a la otra o de la mañana a la tarde:

—¡Vete ahora mismo! No quiero volver a verte.
—No te vayas... por favor. No quiero perderte.

—No digas un palabra. No quiero saber más nada de todo esto.
—Cuéntame todo. Quiero saber hasta el último detalle.

—Todo esto es culpa *mía*...

—¡Todo esto es *tu* culpa!

Esta inconsistencia es una de las razones por las cuales los días inmediatamente posteriores al descubrimiento no suelen ser un buen momento para tomar grandes decisiones en ninguna dirección. Menos aún aquellas que pueden tener efectos duraderos o difícilmente reversibles.

Durante este tiempo una de las cuestiones más importantes para el engañado es, posiblemente, no reaccionar. **No dejarse llevar por los impulsos que pueden surgir en este momento.**

Tendrá, entre otras cosas, que refrenar los ataques de ira que, por más justificados que sean, terminarán por ser perjudiciales.

Liberar la ira en forma de agresiones y desprecios hacia quien fue infiel responde a dos necesidades: la de disminuir la tensión que el engañado siente y la de deshacerse de la sensación de indignidad rebajando también un poco al otro. Son necesidades comprensibles pero habrá que ocuparse de ellas de otro modo: de la tensión comprendiendo que estamos frente a un proceso largo y de la indignidad, restaurando el propio valor.

¿Por qué pedirle esto a quien es la víctima en toda esta situación? ¿No tiene acaso suficiente con todo lo que le sucede para además tener que tomarse estos trabajos adicionales? Entiendo; es injusto que quien ha sido arrastrado al barro tenga que ocuparse por sí mismo de salir... Y no se pide que lo haga solo o sola, la colaboración de su compañero es fundamental, pero la propia actitud no lo es menos si pretende no quedarse embarrado o embarrada ni dejar que más cosas se hundan. Pues existen, para la mayoría de las parejas, una enorme cantidad de cuestiones que, por ser colaterales, no dejan de ser enormemente importantes: hijos, temas habitacionales, continuidad laboral, desestabilizaciones emocionales serias de uno u otro, incluso el "qué dirán" que en ocasiones debe ser considerado... Es necesario mantener cierta calma para poder ocuparse de todo esto y que la "onda expansiva" de la revelación, como la de un verdadero terremoto, no termine destruyéndolo todo. Como suele decirse, "cuidado con intentar apagar un incendio con gasolina".

Abedul sufría día a día por los despilfarros de Palmera: ropa, salidas, automóviles, propiedades... Las discusiones entre ambos eran frecuentes y virulentas.

—¡¿Hace falta vivir así?! ¿No podemos estar tranquilos?

—¿De qué te quejas —se defendía Palmera—, si no te falta nada?

En algún momento comenzó a ser notorio que la empresa familiar, si bien próspera, no daba para tanto y que los problemas no tardarían en llegar. En medio de todo ello Abedul aprovechó la oportunidad para hacerse con el teléfono de Palmera y revisar sus conversaciones de WhatsApp. Salvo a Abedul, lo que encontró no sorprendió a nadie: las escapadas sexuales no estaban fuera de los excesos que Palmera se permitía.

Las discusiones tomaron un giro aún más feroz, las cuestiones económicas se entremezclaban con los reclamos por las infidelidades sin distinción. Aún en poder del teléfono de Palmera, Abedul continuaba sus investigaciones y seguía sumando barullo:

—Averigüé la dirección de la persona que anda con Palmera. Cuando me llama algún acreedor, lo mando

para allá. Si vamos a compartir a Palmera, comparti-
mos todo: lo bueno y lo malo. Que sepa con quién está.

En algún momento, sin embargo, Abedul compren-
dió que nada bueno saldría de todo aquello. Que la
espiral de daño se profundizaba y que, entre los damni-
ficados colaterales estarían, de seguro, los niños. Depuso
entonces las armas y concluyó que, según su propia es-
cala de valores, ordenar la cuestión económica debía to-
mar precedente por sobre todo lo demás.

Utilizando hasta cierto punto la infidelidad como ex-
cusa logró restringir el manejo que Palmera tenía del di-
nero de la empresa y comenzó, poco a poco, a ordenar las
finanzas familiares. La conflictividad entre ambos dismi-
nuyó. Ya habría tiempo, cuando las aguas amainaran, de
decidir si habrían de continuar como pareja y cómo.

Para tener la templanza necesaria y no actuar impulsiva-
mente, a veces es necesario tomar un poco de distancia: emocional de seguro y hasta física, si es posible.

Este momento de dolor e incertidumbre es uno de aquellos
en los que las relaciones personales con el resto del mundo se
hacen más importantes y valiosas. Es más que lógico y valedero
buscar apoyo, sostén y contención en los miembros confiables
de la familia y en los amigos más cercanos.

En contra de ello, he escuchado de cuando en cuando el
consejo de no contarle a otros de lo sucedido y "manejarlo in-
ternamente".

La razón parece ser ésta: si luego decides perdonar y seguir
con tu pareja, aquellos a quienes les hayas contado de su transgresión, no podrán más que odiarla y se deteriorará quizá grave-
mente la relación entre ellos.

Entiendo, pero me parece un precio insignificante comparado con el de condenar a quien sufre a pasar solo por tamaña circunstancia y prescindir de su gente cuando más la necesita. En ese momento la relación posible, futura e hipotética de mi amiga, padre, madre, o hermano, con mi pareja, debería tenerme sin cuidado. Si yo, que soy el principal damnificado decido, después de atravesar el calvario, continuar... ¿cómo van a ser ellos los ofendidos?

Y además, ¿qué se pretende, que la revelación de una infidelidad no tenga consecuencia alguna? Si la pretensión es que las cosas, al final, queden como si nunca hubiera sucedido nada, desde ahora les adelanto que no sucederá.

Tiempo de revisión

Cuando se descubre una infidelidad, el impacto es tan grande que no sólo afecta al presente sino que reverbera también sobre el pasado.

Toda nuestra vida compartida suele pasar como una película por nuestra mente. Cada momento parece adquirir un nuevo significado. Todo se ve ligeramente distinto ahora que sabemos lo que ocurría a nuestras espaldas y nos mueve a cuestionarlo: ¿Estaba en aquella oportunidad donde me dijo que estaba? ¿Compartió también con el otro, con la otra, este restaurante, esta serie, este comentario? Es como si tuviésemos que reescribir nuestra historia bajo esta nueva luz.

—¿Estuve viviendo acaso una mentira? ¿Cómo pude no haberlo visto? ¡Qué idiota fui!

Cuando Alerce murió de modo algo prematuro, después de atravesar una penosa enfermedad, toda su familia se llenó de pena. Cedro y los hijos que habían criado juntos sentían la tristeza de su ausencia, pero también el agradecimiento de todo el tiempo que habían gozado de su presencia.

Alerce había sido siempre un confiable pilar para la familia; sus cálidas palabras, su atenta mirada, su disposición a estar cuando alguno se encontraba en apuros. En las ceremonias de despedida que siguieron a su muerte no faltaron amistades, anécdotas ni reconocimiento a lo que Alerce había entregado en vida a aquellos con los que se había cruzado.

Pasadas algunas semanas, cuando el bullicio de aquellos eventos había quedado atrás, Cedro se dispuso, en el ahora aquietado departamento que compartían, a la tarea de ordenar las pertenencias de Alerce. Mientras buscaba en la computadora de Alerce algunas fotos que quería conservar, abrió una carpeta que llevaba el nombre de una ciudad costera creyendo que se trataba de imágenes de alguna vacación compartida.

Lo que encontró, sin embargo, fueron fotos de Alerce en la playa, abrazando un cuerpo mucho más joven que el suyo, entrelazando sus manos con otras que no eran las suyas. El modo de contacto no dejaba lugar a dudas: era un affaire. Las fechas de las fotos le permitían incluso ubicar temporalmente lo que estaba viendo. Eran de un fin de semana, unos seis meses antes de la muerte de Alerce.

El descubrimiento movió a Cedro a seguir investigando. Abrió sistemáticamente todas las carpetas de *imágenes de la computadora. Luego pasó a los archivos de texto, al historial de los sitios web, a la papelera de reciclaje... En cada nuevo espacio en el que se introducía encontraba nuevas fuentes de información... y de padecimiento. Otros encuentros, otros escenarios, incluso otras personas diferentes de aquella de la playa.*

Cedro siguió buscando. No podía detenerse. Era como una fascinación. Como una adicción. Quería más. Aunque sabía que le hacía mal.

La tarea de recopilación se extendió durante días. Cedro entretejía lo que iba descubriendo de las actividades de Alerce con lo que ya sabía por haberlo vivido juntos. La vida secreta (las escapadas, el sexo), con la vida pública (los tratamientos, la familia, la preocupación por "dejar todo en orden"). ¿Quién era realmente Alerce? ¿La persona generosa que todos habían conocido o esta otra que ahora emergía? ¿Cómo era posible esta duplicidad? ¿Era acaso Alerce una especie de monstruo?

Todos necesitamos contarnos nuestra propia historia de un modo coherente. No nos gusta dejar cabos sueltos y, por eso, cuando descubrimos algo suficientemente importante de nuestra vida, solemos ir hacia atrás, revisando y reinterpretando todo lo que hemos vivido.

Pero debemos ser cuidadosos de que, en el intento de buscar coherencia, no terminemos simplificando por demás. Es tentador anudar todo a un único evento; resumir y significar toda nuestra historia a partir de un único punto. Pero nos engañaríamos.

Lo ilustraré con un ejemplo de otro contexto:

Imagina un joven que descubre, a sus 20 años, que es adoptado. Es una cuestión que, de seguro, tiene su relevancia. Es probable que empiece a mirar hacia atrás la relación con sus padres y a preguntarse si determinadas actitudes (especialmente aquellas en las que él tuviera algún reclamo para hacerles) hayan estado influidas por el hecho de su adopción. Podría ser tentador resumir todo a ese único hecho:

—Ustedes no me han querido bien porque no llevo su sangre.

Muy probablemente se equivocaría. Lo está haciendo demasiado simple. Toda relación entre padres e hijos tienen una enorme complejidad y los padres cometemos errores por muchísimas razones (ignorancia, miserias propias, orgullo, prejuicios...), sin que ello implique falta de amor. Que haya habido una mentira (no le contaron de su adopción durante mucho tiempo), no significa que todo haya sido una mentira, que no lo hayan querido o no se hayan ocupado de él.

De modo similar, **la revelación de un engaño (aun siendo algo muy relevante) no convierte toda la relación en una mentira.** No todo se resume en ese acto, ni iba dirigido a eso. Hay un montón de aspectos, sentimientos, momentos y palabras que son por completo independientes de la otra relación o de los otros encuentros. Todo eso no deja de ser verdad por más que no sea toda la verdad.

Debemos hacer un esfuerzo por no borrar las muchas cosas que sucedieron en una pareja y que fueron valiosas. Incluso debemos ser capaces de apreciar las cosas que, aun ahora que sabemos de la infidelidad, pueden estar sucediendo y ser valorables.

También deberíamos estar atentos, al indagar sobre el pasado, a cuáles son las preguntas que nos mueven. ¿Es sólo que queremos rearmar nuestra historia o hay algo más? Cuando conseguimos identificar las verdaderas preguntas podemos, en ocasiones, buscar mejores modos de responderlas.

—*No puedo dejar de revisar sus mails, su teléfono, sus redes... Me digo que no voy a hacerlo más, pero a las pocas horas me agarra una ansiedad de querer saber y vuelvo a hacerlo. Es desesperante... No me aguanto ni yo.*
     —*¿Qué quieres saber?*
     —*Hasta dónde llegó. Ya leí los mails, sé que se encontraron, sé que pasó algo, pero no sé qué...*
     —*¿Quieres saber si sus genitales se tocaron?*
     —*Sí.*
     —*¿Haría de verdad la diferencia?*
     —*No.*
     —*¿Qué es entonces lo que de verdad quieres saber?*
     —*Quiero saber cuán importante fue esto en su vida.*
     —*¿Cuán importante? ¿Cómo lo vas a medir?*
     —*Bueno... si fue importante o no.*
     —*Eso, según lo que me dijiste, ya lo sabes.*
     —*Es verdad, fue importante.*
     —*Sí. ¿Y entonces? ¿Cuál es tu pregunta?*
     —*Lo que quiero saber es qué de lo que pasó fue importante.*
     —*Ésa es una mejor pregunta. Y eso, quizá, sí puedas preguntárselo.*

Muchas veces, quien ha descubierto la infidelidad demandará saber más y más. Posiblemente incluso lo presentará como algo que su compañero le debe:

—Lo menos que puedes hacer es decirme la verdad… ¡toda la verdad!

¿Si tú me engañaste, estás obligado a contarme todo? Mi opinión es que no. No dejas de tener derecho a tu intimidad por la falta cometida y puedes elegir no contar lo que no desees. Pero hay ocasiones en las que puede ser beneficioso hacerlo. Depende de cuál sea mi intención al preguntar. Si fuere la de rearmar la historia y poner las piezas del rompecabezas en su lugar, entonces creo que estaría en el mejor interés de ambos consentirlo.

Sin embargo, es probable que esa intención se presente un poco más adelante en el proceso. Si a dos días de la revelación yo estoy demandando saber todo: horas y días en los que te encontraste con él o con ella, qué hicieron y qué no, cuán bueno era el sexo o cuántos orgasmos conseguían… entonces es muy probable que se trate de otra cosa. O bien estoy buscando responderme, de un modo inadecuado, alguna pregunta sobre mi propia valía; o bien estoy intentando, directamente, hacerte sentir tan miserable como yo me siento ahora.

Y si bien es muy comprensible que me suceda eso, no creo que tú deberías acceder a mi propuesta sádica sólo para que ambos nos sintamos igual de mal.

Nos une el dolor

El momento de la revelación no es duro sólo para el engañado. También quien ha sido infiel resulta afectado. Se entiende que nos genere menos simpatía porque le adjudicamos a él o ella ser quien ha causado la situación. Sin embargo, su malestar puede ser también intenso. No podemos simplemente decir:

—Pues si se siente mal, tanto mejor. ¡Se lo merece!

Como ya he dicho, no por ser infiel alguien pierde todos sus derechos ni se convierte automáticamente en una lacra despreciable, indigno de compasión alguna.

En el dolor que puede sentir quien cometió la infidelidad hay, seguro, algo rescatable. Para empezar, su pena habla de que le importa. No debemos subestimar el dolor de ver a su compañero o compañera sufrir y, más aún, saberse artífice de ese sufrimiento. **Que alguien haya causado determinado mal no necesariamente implica que no le importe.**

Puede también sentir vergüenza. Por un lado, por haber sido descubierto en una actitud reprochable y, por otro, porque a menudo quedan expuestos ciertos aspectos de su intimidad (sus apetencias sexuales, por ejemplo) que por lo común permanecen en el campo de lo privado. Esta vergüenza se acompaña con frecuencia de una necesidad de demostrar que no es un villano. Así como toda la vida del engañado no se reducía a este único suceso, tampoco toda la persona del infiel se reduce a este acto, aunque fuese un acto maligno (¿lo es?, ya lo discutiremos...)

Por último, está la nada despreciable incertidumbre respecto de lo que sucederá con su pareja y su familia, si la hay. También todo *su* mundo está en juego y lo que puede perder en la resolución es enorme.

He sabido incluso de algún caso en el que el arrepentimiento, la culpa y el miedo de quien había cometido la infidelidad eran tan poderosos que la persona parecía estar emocionalmente más lastimada que la que recientemente se había enterado de la duplicidad. Aquí no se trata de administrar premios ni castigos, de modo que este padecer es algo de lo que también habría que ocuparse.

De todos modos, casi siempre y como indica el sentido común, son los sentimientos de quien ha descubierto la traición los que ambos deben atender primariamente.

Es quien ha roto el pacto quien debe estar siempre dispuesto a que aparezca el tema sobre la mesa y, en esos momentos, estar atento al estado emocional de su pareja, sin querer cerrar el asunto rápido ni compitiendo nunca por el lugar de la víctima.

Es un difícil equilibrio que esto no se traduzca en estar todo el día encima del otro preguntando:

—¿Cómo estás? ¿Estás bien? ¿Sí? Ya va a pasar... ¿Estás mejor? ¿Ya estamos bien?

Ni tampoco un velado reproche de:

—¿No te parece que ya está bien? ¿Hasta cuándo vas a seguir con esto?

Por el contrario, **quien fue infiel tendrá que respetar la necesidad de distancia de su pareja,** sus ciclos de acercamiento y alejamiento aun cuando sean caprichosos. Dar lugar a ello es fundamental.

Si una pareja logra evitar estos desvíos es posible que, en las postrimerías de la revelación, pueda encontrar un escenario propicio para conversaciones profundamente honestas. Quizá como nunca antes hayan tenido.

Ésa es, sin duda, una oportunidad para aprovechar. Tal vez aquí encontremos el germen de lo que habremos de nutrir para construir una mejor pareja.

CAPÍTULO 10

¿Por qué lo hiciste?

Cuando las primeras y más estridentes repercusiones de la revelación se han aquietado un poco, una de las preguntas que con mayor frecuencia va tomando forma y que se instala con tenacidad es:

—¿Por qué lo hiciste?

Aun en los casos en los que la pregunta nunca llega a formularse directamente, casi siempre está allí, rondando en los pensamientos de quien fue engañado:

¿Por qué lo hizo?
¿Por qué necesitó hacerlo?

Antes de encarar la tarea de darle alguna respuesta a la cuestión de qué lleva a alguien a ser infiel, valdría la pena reparar en el hecho de que la pregunta contiene, en sí misma, un prejuicio: supone, de entrada, que si alguien fue infiel es porque algo salió mal.

Acompáñame en este razonamiento: si yo aprieto el botón de POWER de mi computadora y la pantalla no se enciende, me preguntaré: ¿por qué no se enciende? Pero si lo hace, es muy poco probable que me pregunte: ¿por qué se ha encendido? Esto, obviamente, se debe a que se supone que si uno aprieta el botón de POWER la computadora debe encenderse. Si el Barcelona FC juega un partido con un equipo desconocido, gana y alguien pregunta: "¿Por qué ganó el Barcelona?", pensaríamos: ¿cómo que por qué ganó? Es el Barcelona… En cambio si pierde, la pregunta cobra sentido: ¿Por qué perdió el Barcelona? Evidentemente, algo salió mal. Se supone que el Barcelona siempre debería ganarle a un equipo desconocido.

De la misma manera, la pregunta "¿Por qué alguien es infiel?" supone que el curso natural de las cosas es la fidelidad mutua. Ya hemos discutido algunos puntos (y veremos otros más) que deberían, cuando menos, movernos a no estar tan seguros de esa afirmación.

Felices e infieles

Pero dejemos de lado (al menos por el momento) esta objeción y continuemos con nuestra investigación: ¿Por qué engañan quienes lo hacen? La sabiduría popular da a esta pregunta una respuesta terminante:

—Se busca afuera lo que no se tiene dentro.

Es decir: la gente es infiel porque está descontenta con su pareja y busca en el otro o en la otra lo que no encuentra en su compañero o compañera habitual.

Esta explicación suena tan convincente que se la acepta sin más. Sobre ese supuesto se sacan, además, un gran número de conclusiones sobre la pareja primaria que no pocas veces resultan definitorias y que podrían no ser ciertas.

Las estadísticas demuestran, consistentemente, que detrás de una infidelidad no siempre hay insatisfacción con la pareja. En un ya clásico estudio de 1985[1] (posiblemente de los más importantes que se hayan llevado a cabo sobre el tema), se encontró que más de un tercio de las mujeres y más de la mitad de los hombres que confesaban haber sido infieles sentían que eran "felices" o "muy felices" en su matrimonio.

Estudios más modernos han encontrado resultados similares. En uno de ellos,[2] los investigadores hallaron que estar descontento con la pareja primaria contribuía tan sólo en 25% a la posibilidad de que alguien tuviese una relación extramatrimonial. No era, en modo alguno, el factor determinante.

Otros investigadores[3] lograron poner en evidencia un hecho muy interesante. Las personas que referían mayor insatisfacción en su matrimonio encontraban a su amante con una frecuencia similar en el trabajo, entre conocidos de conocidos, entre desconocidos o a través de servicios pagados. En cambio, las personas que estaban más satisfechas con su pareja primaria, la mayoría de las veces encontraban a la persona con quien habían cometido la infidelidad en un compañero o compañera de trabajo. Eso sugería que aquellos que estaban descontentos habían buscado activamente un tercero (por eso lo encontraban con igual frecuencia en diversos ámbitos), mientras que los que estaban más conformes se habían visto inmersos en una infidelidad porque había aparecido una oportunidad en un lugar en el que ya estaban.

Puede que haya dos tipos de infidelidades (las *buscadas* y las *encontradas*, podríamos llamarlas) como sugieren estos estudios o que se trate más bien de diferentes casos entre los que no pueda establecerse una clara línea divisoria. Pero más allá de eso, lo que queda claro es que **no siempre una infidelidad habla de una carencia en la pareja original.** A veces sí, a veces no.

No puedes darme *todo*

Todavía podría argumentarse que, más allá de que alguien esté satisfecho en forma global con su pareja, necesariamente debe estar insatisfecho respecto de aquello que ha buscado en otra persona. ¿No es cierto acaso que, si su pareja le diera *eso*, no hubiera tenido interés en mirar hacia fuera para encontrarlo?

Puede que sí. Lo que sucede es que eso es cierto siempre, para todas las relaciones y para todo lo que hacemos. Es como si yo dijese:

—¿No es cierto que si jugar al ajedrez me brindara todo lo que jugar al futbol me brinda, yo no necesitaría (ni desearía) jugar al futbol?

—Y... obviamente, sí.

—¿No es cierto que si mi amistad con Sebastián me diera absolutamente todo lo que me da mi amistad con Justo, yo nunca tendría ganas de ver al segundo?

—Bueno, sí, claro.

Pero en ninguno de estos casos pensamos que hay un problema con el ajedrez o un problema con mi amigo Sebastián. No esperamos ni suponemos que el ajedrez o un amigo deberían darnos *todo* lo que necesitamos. Por el contrario, con nuestra pareja sí esperamos muchas veces que nos den *todo* (¡ilusos!). Son esas expectativas desmedidas las que nos llevan a la conclusión equivocada de que si deseamos algo por fuera de nuestra pareja necesariamente debe haber un problema detrás.

Ninguna pareja puede, ni podría, satisfacer todas nuestras necesidades. Si así fuese, no necesitaríamos vínculo adicional alguno: no nos interesaría tener amigos ni hijos. Posiblemente tampoco nos interesarían otras actividades (¿para qué si ya tengo todo?) y quizá no tendríamos ni siquiera fantasías. Si deseamos, generamos y apreciamos esos otros vínculos y esos otros espacios es porque brindan cosas que nuestras parejas no nos dan. Obviamente, también se podría decir: "tenemos pareja porque nos brinda cosas que nuestros amigos no" y sería igual de cierto, pero de eso nadie duda.

Imagino que alguien podría querer objetar:

—Un momento, un momento... La relación con los amigos es algo distinto de la pareja. En un affaire se buscan las *mismas* cosas...

Pues bien, en principio no está tan claro que, en las amistades, por ejemplo, no se busquen algunas de las cosas que también se esperan de una pareja. Por ejemplo: contención afectiva. No es nada infrecuente recurrir a un amigo o a una amiga en busca de consuelo, consejo o confidencia aunque éstas son también "funciones de la pareja". Sin embargo, aun cuando hay mucha gente que siente celos en esta situación, nadie calificaría de infidelidad tu decisión de contarle un secreto a un amigo.

Vale la pena desarrollar este ejemplo un poco más. Supongamos que tú y yo somos pareja y que tu secreto no tiene nada que ver conmigo, que es una cuestión, digamos, de tu trabajo. El hecho de que hayas decidido contárselo a tu amigo o tu amiga en lugar de a mí... ¿implica que yo soy un mal receptor de secretos? No me parece. Pero sí implica que tú crees que tu amigo o tu amiga no te dirá exactamente lo mismo que te diría yo respecto de este secreto o no reaccionará exactamente de la misma manera. De lo contrario, no te hubieras molestado en ir hasta su casa o al bar a hablar con él o ella; si fuera lo mismo, me lo hubieras contado a mí que estoy más accesible. Contarle el secreto a él es diferente de contármelo a mí. Te escuchará de otra manera, te dirá otras cosas... Incluso es probable que, para este secreto particular, en esta situación y para lo que tú esperas, debamos concluir que contárselo a él o a ella es un poco mejor (por la misma razón de antes: de lo contrario no te hubieras tomado el trabajo adicional). Sin embargo, no podemos deducir de este hecho que haya un problema entre nosotros en cuanto a la confianza o que no valores mis consejos.

Lo mismo vale para todas las cuestiones que alguien puede buscar en un tercero. **No podemos concluir por el hecho de que le interese *eso* "afuera", que no le interesa *eso* en la pareja.** Esto es válido incluso para los aspectos que pensamos más específicos del vínculo de pareja: los relacionados con el deseo y el sexo.

¿Qué tú quieras o hayas querido acostarte con otro o con otra, implica necesariamente que el sexo conmigo no era bueno? No.

¿Es realmente lo mismo acostarse conmigo que con él o ella? No lo creo.

Me parece muy posible que el sexo conmigo fuera bueno, incluso muy bueno, pero que no te brinde exactamente lo mismo que te da el sexo con otro u otra. Eso que encuentras allí, *también* te interesa o te interesó en ese momento. Aunque ese algo no sea más que la excitación que te produce lo prohibido (algo que tu pareja difícilmente puede ofrecerte).

Me crucé una vez con alguien que lo exponía de un modo algo crudo pero que demuestra el punto. Hablando de su amante, decía:

—*Tenemos buen sexo. Pero con mi pareja, es mejor.*

—*Y con tu amante... ¿tienes buen diálogo?*

—*Hablamos, sí. Pero no tengo la intimidad que tengo en casa con Espino.*

—*¿Te diviertes?*

—*Sí... Igual con Espino me mato de risa.*

—*¿Y para qué lo haces, entonces?*

—*Bueno... para variar.*

Puede parecerte cuestionable que alguien esté dispuesto a entrar en el filoso terreno de la infidelidad sólo para obtener variedad... Pero nuestro fin no es juzgar, es entender. Y lo que este caso nos muestra, con mucha claridad, es que lo que mi pareja busca no siempre habla de una insuficiencia mía: ¿cómo demonios podría darte variedad o saciar tu apetito por lo clandestino? Para los optimistas que crean que la cuestión se solucionaría jugando roles o poniéndose pelucas, lamento informarles que la cosa no es tan sencilla. En muchos campos, y en el de la sexualidad especialmente, a veces se desean determinados rasgos o modos que no tienen una sustitución directa, si es que la tienen.

Cuando aceptamos sin más el axioma de "se busca afuera lo que no se tiene dentro", entonces la pregunta de "¿Por qué lo hiciste?" se transforma en un equivalente de "¿En qué fallé?". Es por eso que la inquietud acerca de los motivos de la infidelidad se aferra en la mente de los engañados despertando enojo y autorreproches. Justamente por ello es tan importante comprender la distancia que puede haber entre una pregunta y la otra, aunque haya, en ocasiones, algún vínculo entre las dos.

¿Qué buscas?

Y entonces: ¿por qué somos infieles? Pues por las mismas razones por las que hacemos todas las cosas. Porque creemos que en eso encontraremos algo que nos hará bien.

En ocasiones lo que buscamos es algo cuya ausencia venimos sintiendo hace tiempo (hayamos podido identificar o no qué es lo que nos falta). Otras veces, simplemente, nos cruzamos con una situación en determinado momento y ese encuentro despierta el deseo. Algunas infidelidades responden al primer mecanismo y otras al segundo.

Tomemos, por ejemplo, el caso nada excepcional que nos presenta Thalía, en su tema "No me acuerdo":

> No recuerdo lo que hice
> de eso que te dicen.
> Y que te monté los cuernos
> de eso no me acuerdo.
>
> Yo sólo recuerdo que estaba bonita,
> todo el mundo loco con mi cinturita [...]
> Toda la noche perreé
> con la mano en la pared.
> Y no sé qué pasó conmigo después,
> creo que de tragos me pasé.
>
> Puede que tengan razón,
> pero no grites así [...]
> Yo te quiero sólo a ti.

Parece excesivo decir que si la narradora de la canción estuvo efectivamente con otro esa noche es porque "algo faltaba en su vida". Quizás haya aun quienes quieran poner gesto adusto, levantar el dedo en el aire y adoptar esta postura:

—Bueno, si necesita salir a bailar y provocar toda la noche y tiene que terminar teniendo sexo es, claramente, porque su vida en el fondo es miserable y desgraciada.

No lo creo. Creo más bien que esta manera de pensar es un intento de protegerse ("a mí no podría pasarme: a mi pareja no le interesan *esas cosas*") o, peor aun, un modo de denigrar aquello que uno siente fuera de su alcance para evitarse la frustración ("a mí no me interesan *esas cosas*").

Los motivos de la infidelidad de la que nos habla Thalía son los que abiertamente se exponen en otro verso de la canción. Dice:

fui a pasarla bien un rato.

Eso es todo.

¿Por qué fue infiel?

Porque quería pasarla bien un rato: bailó, perreó, tuvo sexo. La pasó bien. No hay una "gran crisis de pareja" detrás ni se puede deducir que "entonces su pareja no es el amor de su vida"...

—¡¿Pero qué hay del daño que podría causar, de las promesas, de la lealtad...?! ¿Nada de eso cuenta, nada de eso importa?

—Cuenta.

Y cuenta mucho. Hablaremos en detalle de estas cuestiones en los siguientes capítulos, pero ahora intentemos **no confundir lo que impulsó a alguien con lo que no lo detuvo.**

Comparemos el caso de la canción de Thalía con este otro:

Haya se vio atravesando una separación con una niña de por medio luego de que Aromo descubriera que había reincidido en sus infidelidades. Años atrás Aromo había confrontado a Haya a partir de algunos indicios más o menos vagos:

—¿Me engañas?

Ante eso, Haya había decidido confesar:

—Sí.

Encuentros ocasionales, algunos de ellos pagados, ninguna relación duradera; ése era el material del que estaban hechas las infidelidades de Haya. En aquella oportunidad, Haya había puesto sobre la mesa todas sus transgresiones, detalle por detalle. Le había dicho sinceramente a Aromo que lo lamentaba, que no sabía bien por qué lo hacía, que lo que más le importaba en el mundo era la familia que habían formado. Luego había prometido que no volvería a ocurrir.

Aromo no podía dudar de lo importante que era la familia para Haya. Sabía la dedicación que ponía en el hogar, en el trabajo, con la familia extendida, con la niña. Le suponía un gran esfuerzo, pero Aromo había decidido volver a confiar.

Durante algunos años, Haya había podido cumplir su promesa. Luego, poco a poco, los límites se habían ido volviendo difusos. Eventualmente, Haya volvió a tener algún encuentro clandestino. No demasiado tiempo después Aromo descubrió el indicio de una nueva infidelidad.

—¡Lo has hecho de nuevo! —increpó a Haya.

—Sí —volvió a confesar Haya.

Dijo otra vez que lo sentía. Ofreció todas las soluciones en las que pudo pensar... Dijo que creía que juntos podrían superarlo, que no desarmaran la familia. No hubo caso; por más que Aromo lo intentaba, no podía tolerarlo.

Se separaron. Haya se abocó a la tarea de hacer que la niña no perdiera la sensación de que seguían siendo una familia. Tampoco Haya quería perder eso. Mantenía una buena relación con Aromo, cordial, de confianza y de afecto. Sabía que el mayor interés de ambos era el bienestar de la niña.

Los fines de semana en los que Aromo tenía a la niña, Haya comenzó a dar paseos en bicicleta. Primero por su ciudad y luego alejándose cada vez más. Salía a la carretera y pedaleaba por kilómetros y kilómetros. Le gustaba sentir el viento en el rostro, contemplar la amplitud del paisaje. Siempre en soledad, en completo silencio.

Un día, hizo una observación que probaría ser reveladora:

—Desde que me separé, no he estado con nadie. Ni siquiera una noche. Como que no lo necesito.

Comprendió luego por qué. Lo que había ocupado el lugar de sus transgresiones sexuales eran aquellas "escapadas" en bicicleta. Momentos de descanso del agobio y la presión que por momentos le imponía la vida *familiar y laboral que Haya se tomaba con tan profunda dedicación. Eso era, descubría ahora, lo que buscaba en esas otras "escapadas" que emprendía en burdeles, hoteles de paso o departamentos ajenos: un tiempo para estar en libertad y soledad (siempre había estado claro que, para Haya, sus acompañantes sexuales no tenían mucha trascendencia).*

¿Hubiera podido, de haber sabido lo que ahora sabía, sustituir las infidelidades por solitarias tardes en la carretera? Es difícil decirlo. Lamentablemente, la logística de una excursión en bicicleta puede ser más complicada (por lo menos para algunas personas) que la de una aventura sexual. De cualquier manera, la vida no carece de ironía: fue su separación lo que le permitió descubrir aquello que, tal vez, hubiera salvado su matrimonio.

A diferencia del caso anterior, aquí se ve a las claras que había una carencia en la vida de Haya. Algo que le faltaba (en este caso: aire), cuya ausencia le producía malestar y que buscaba satisfacer a través de la infidelidad.

Vale de todos modos notar que esa carencia no era específica de la pareja ni podía pensarse como un déficit de su *partenaire*. Prueba de ello es que, más adelante, encontró eso mismo que hallaba en las infidelidades en un campo que nada tenía que ver con lo sexual ni con lo amoroso.

Como estas historias demuestran, las necesidades o deseos que alguien puede buscar satisfacer en una relación paralela o en un encuentro clandestino son múltiples y particularísimos. Intentaré delinear algunos motivos más que se presentan con alguna frecuencia y en los que, quizás, alguien puede reconocerse. Sin embargo, no perdamos de vista que estamos en un terreno muy personal y que los detalles que varían de un caso a otro podrían terminar por hacer una gran diferencia en los verdaderos motivos.

En ocasiones el motor de una aventura está en sentirse nuevamente deseado o valorado en algún otro aspecto:

Acacia se casó hace veinticinco años. Sus hijos han dejado ya la casa familiar y Acacia y su pareja se encuentran nuevamente el uno con el otro. O, más bien, se desencuentran. Con frecuencia Acacia propone salidas o actividades que su pareja rechaza:

—¿Vamos a la feria del libro?
—¿A la feria? Noooo, está siempre lleno de gente...

—¿Vamos al cine?
—¿Para qué? Si hay un montón de películas para ver acá...

—Hacemos un viaje a... no sé... mmm... ¿Tailandia?
—¡¿Qué?! ¿Qué te pasa, te agarró el viejazo? ¿Para qué vamos a ir a Tailandia si tenemos la casa en la costa?

Acacia comprende que su pareja no compartirá muchos de estos nuevos intereses. Tampoco tiene por qué, a decir verdad. Se da cuenta de que aunque consiga convencer a su pareja, terminará siendo forzado. Deja de intentarlo: tendrá que alimentar esos intereses por su cuenta.

Se anota en un taller literario. Se siente fuera de su elemento. Todos los demás son mejores, *piensa.* Yo no sé nada de esto. *Luego de un encuentro del taller, alguien le dice:*

—*Me encantó esa frase de tu texto...*

Y le recita sus propias palabras.

Acacia no puede creerlo. Siente una electricidad que le recorre el cuerpo. Mira a quien le habla con fijeza, con anonadamiento.

—*No me mires con esos ojos* —*le dice.*

Acacia sonríe con picardía.

De camino a casa, Acacia recibe un mensaje de texto:

Me gustaría tomar un café contigo algún día.

Acacia no sabe qué hacer, qué responder. Después de un rato de pensarlo envía una simple respuesta: un emoji de un corazón.

Lo que resultaba más atractivo para Acacia, por supuesto, es que alguien valorara aquello que no sentía apreciado por otros (particularmente por su pareja) ni por su propia persona.

Aclaración para quienes quisieran sostener que éste no es un caso de infidelidad: recordemos lo difícil que era establecer un límite basado en acciones. No por ser acotado y hasta tener cierta ternura deja de reunir los elementos clave: tinte sexual y clandestinidad. De hecho, Acacia no se lo contará a su pareja y es probable que a ésta, si se enterara, no le gustase demasiado...

Muchas veces, de hecho, todo lo que a alguien le interesa de un encuentro clandestino es comprobar su poder de seducir o vivenciar el encanto de ser seducido. Tal vez muchos detendrían la cuestión luego de esos primeros movimientos de cortejo, pero en ocasiones terminan dejándose llevar más lejos de lo que planeaban o, incluso, deseaban.

Para otros una infidelidad es el modo en el que consigue vivir una pizca de una vida que eligió (y elige) no vivir:

—Mirto me cuenta de los artículos que escribe... Tenemos sexo en su dormitorio de la facultad... Salimos con sus amigos de todo el mundo... Me hace pensar en lo que sería mi vida si me hubiera quedado allá cuando me lo propusieron. Es todo tan distinto acá... No lo cambiaría, pero por un ratito...

Por último, la infidelidad puede ser, muchas veces, el lugar donde alguien se atreve a llevar ciertos deseos que cree que serán mal recibidos en su pareja:

—Con Casuarina tengo una "sinceridad sexual" como la que nunca había vivido antes.

No son pocas las ocasiones en que alguien se permite actuar en una relación clandestina de un modo que considera vedado en su relación estable. A veces es él mismo o ella misma quien se avergüenza de ciertos deseos (por lujuriosos, por excéntricos, por ser una presunta muestra de debilidad) y por eso los exilia de la relación primaria... A veces es el compañero quien no hace lugar a lo que su pareja desea inhibiendo su posibilidad de expresión y "empujando" al otro hacia fuera del vínculo si es que quiere ocuparse de ellos.

Cambio de escenario

Lo que sucede en las relaciones o encuentros clandestinos es muy distinto de lo que sucede en la pareja estable. Con el o la amante a menudo se consiguen dejar de lado las preocupaciones y los roles cotidianos; ser visto o escuchado de otro modo. Se está allí simplemente por el placer de estarlo.

Mi impresión es que, muchas veces, lo que se busca en un affaire es más un cambio de contexto, que de pareja. Por eso sucede, de cuando en cuando, que alguien deja a su esposa o a su marido para irse con su amante y establece con la nueva persona una nueva relación. Poco a poco, sin embargo, la nueva dupla empieza a transcurrir por los viejos cauces y los mismos problemas empiezan a asomar. Tiempo después, él o ella podrían decir:

—Me equivoqué, me sucede lo mismo que con mi ex.

Es verdad, se ha equivocado. Pero no de persona, como cree. Se ha equivocado al creer que de lo que se trataba era de encontrar a *la persona indicada* en lugar de entender que era el contexto y el tipo de vínculo lo que generaba el malestar.

Quizá valga la pena mencionar aquí que un contexto diferente es también lo que muchas veces se busca en un affaire desde el otro lado, es decir: desde el lado de la tercera persona. No son pocas las oportunidades en las que alguien que se enreda con una persona casada lo hace, precisamente, porque le atrae ese aura "familiar". Le atrae su condición de padre, de madre, de hombre o mujer de familia. El o la amante que espera que su pareja abandone finalmente a su esposo o esposa no se da cuenta de que si el otro lo hiciese, tal vez no le gustaría tanto. ¿Qué impresión tendría de esa persona si pudiera abandonar a toda una familia, hijos incluidos, tan livianamente? Quizá terminara por parecerle alguien despreciable. Paradójicamente, lo que ha servido para establecer la relación es lo mismo que le impide prosperar.

Volviendo a la pareja primaria, aun cuando entendamos que lo que nos complica o entorpece son los roles, es muy difícil sacudirse eso de encima para permitir un encuentro que esté desprovisto de todos los lastres que una relación estable ha ido acumulando con el tiempo y las tareas compartidas. Ésa, sin embargo, es una tarea que toda pareja estable debe encarar si quiere superar el embate de las décadas.

Todo esto no quiere decir que la persona en sí misma no tenga peso alguno. Si ése fuera el caso, las personas podrían tener aventuras o affaires con cualquiera y serían igual de satisfactorios. Eso no es lo que sucede. Los rasgos y actitudes, tanto de nuestras parejas primarias como de los posibles terceros, influyen para que esas relaciones sean más o menos gratificantes, pero es importante comprender que eso no es lo único que influye en lo que sucede en uno y otro vínculo.

Signos vitales

Que los caminos por los que habitualmente discurre una infidelidad terminen causando daño y puedan llegar a ser por ello reprochables, no significa que aquello que quienes han sido infieles perseguían allí no tenga valor. Muchas veces son cuestiones importantísimas para estas personas. No pocas veces son experiencias que les devuelven el gusto por la vida, que los hace sentir de nuevo vibrantes o que les reintegran un entusiasmo que creían perdido.

Así, imagino, lo han percibido quienes han estudiado con mayor detenimiento el "mercado" del adulterio. Ashley Madison es, posiblemente, la red social más grande del mundo dirigida a relaciones clandestinas. No me parece casual que su eslogan sea:

La vida es corta. Ten una aventura.

Tienen claro que el principal atractivo de un affaire es su capacidad para hacernos sentir vitales. Lo que se anhela es la intensidad de lo que sucede allí. No tienen intenciones de presentarlo como un remedio casero para los problemas de pareja. Saben que eso no es lo que "vende" (o, dicho de otro modo: eso no es lo que la gente busca).

Por todo lo que hemos dicho en este capítulo, **no cabe responsabilizar al engañado por lo que ha hecho el que engaña.**

Sí cabe, sin embargo, a un lado y a otro de la infidelidad, preguntarse qué es lo que quien engañó buscaba en esas otras relaciones. ¿Se trataba en efecto de algo que estaba faltando en la pareja? ¿O, por el contrario, respondía a una necesidad o deseos propios?

Quien comete una infidelidad deberá hacer un análisis exhaustivo de sus propias motivaciones. Sea que la carencia se originara allí o no: ¿puede alguna de ellas ser reconducida al espacio de la pareja? ¿Es verdaderamente mi esposa, mi marido, mi novio, mi novia, quien ha dejado fuera de nuestro espacio en común lo que este deseo mío requiere? ¿O soy yo, por cobardía, por vergüenza, por comodidad, que lo he desviado?

Las respuestas nos servirán, más adelante, para planificar una reparación.

CAPÍTULO 11

El desamor

Todo el dolor, la ira, la rabia, el desgarro que vimos desplegarse en el momento de la revelación, ¿de dónde proviene? ¿Por qué lastima tanto la infidelidad?

Yo he podido identificar cuatro razones que podrían subdividirse o agruparse de modo diverso pero que, así discriminadas, nos permitirán ahondar en algunas cuestiones para intentar encontrar modos de lidiar mejor con cada uno de esos dolores.

La primera razón tiene que ver con el desamor. La segunda, con la autoestima del engañado. La tercera, con la ruptura de una promesa. Y la cuarta, con la vergüenza.

Nos ocuparemos aquí de la primera e iremos tratando las demás, de una en una, en los siguientes capítulos.

Una idea equivocada

Suele suponerse que toda infidelidad entraña, necesariamente, un desamor. Este supuesto es causa de gran dolor para quien descubre haber sido engañado aunque, contrario a lo que podría pensarse, no radica aquí el padecimiento fundamental. La idea de que una infidelidad implicaría el final del amor es uno de los principales factores que empuja, con fuerza, hacia la separación.

—Si tu pareja está con otra persona —dicen muchos— quiere decir que ¡no te ama más!

Este axioma, sencillamente, es falso. Y tengo dos bases para refutarlo: una teórica y otra clínica.

La razón teórica es que el amor no es un bien contable. El amor que se le dispensa a una persona no tiene por qué disminuir el que se tiene por otra. No es como si para darle 5 UA (unidades de amor) a su amante, nuestra pareja tuviera que quitarnos 5 UA a nosotros. Ni el amor ni ningún otro sentimiento funcionan de ese modo.

Así lo prueba el hecho de que nadie se siente con derecho a protestar porque su pareja ame a sus amigos o a sus hijos aduciendo que entonces hay menos amor para él o ella.

Y eso no se debe, como podrían pensar algunos, a que es "otro tipo de amor". El amor, como sostuve en mi *Manual para estar en pareja*, es el mismo para todas las relaciones. Es con qué lo mezclamos lo que hace la diferencia. Si todavía no estás convencido, pregúntale a alguien:

—¿En qué es distinto el amor de pareja del amor a los amigos?

Casi seguro te responderá:

—¡En que con los amigos no deseas tener sexo!

O sea: la diferencia está en que en uno hay deseo sexual y en el otro no. Pero está claro que el sexo es otra cosa que el amor, que son dos cuestiones separadas y que muy bien puede haber amor sin sexo así como sexo sin amor, ¿no es verdad? Estamos de vuelta en lo que decíamos más arriba: el amor es uno solo, depende de con qué lo combines tendrás una relación u otra.

Si las personas no protestan con demasiada frecuencia frente al amor que su pareja puede brindarle a amigos, hijos o familiares es porque no sienten que su propia ración de amor disminuya.

La otra razón que tengo para sostener que la infidelidad no implica necesariamente un desamor es quizás aún más poderosa que la anterior: he conocido gran cantidad de personas, hombres y mujeres por igual, que habían sido infieles aun cuando amaban a sus parejas. No sólo estaban felices en la relación, como hemos dicho ya, sino que amaban a la persona con quien estaban.

—¿Amaban a sus parejas o decían que las amaban? —podría preguntar algún desconfiado.

Respondo:

—Las amaban.

Valoraban lo que tenían con ellos, no querían perderlos, no deseaban hacerles daño y seguían queriendo lo mejor para su compañero o compañera.

Amar y lastimar

Es posible que alguno de ustedes todavía quisiera objetar:

—¡Si quien fue infiel amara a su pareja no la hubiera lastimado!

O:

—¡Si la valoraran tanto no la habrían puesto en riesgo!

Pues bien, frente a esto debo decir que creo que estas objeciones no se sostienen. Yo, por ejemplo, amo y valoro a mis hijos infinitamente y, sin embargo, en ocasiones hago cosas que los lastiman, como decirles que no puedo jugar con ellos porque tengo que trabajar, o que los ponen en riesgo, como subirme a un avión para viajar a dar una conferencia (lo que los pone frente al nada despreciable riesgo de quedarse sin padre). ¿Y qué justificación tengo para estos actos? Para los primeros que privilegio mi deseo (de escribir) por sobre el de ellos (jugar) y, si bien es claro que esto no es un acto de amor, tampoco creo que se pueda decir que es un desamor. Para los segundos, considero que el riesgo se justifica porque es improbable que suceda lo que los dañaría (que yo muera) mientras que es muy probable que suceda lo que me satisfaría (dar la conferencia).

Está claro que cometer una infidelidad es un acto egoísta. Quienes lo hacen, lo hacen pensando en sí mismos. Están dispuestos a correr el riesgo (que juzgan pequeño o, cuando menos, "aceptable") de lastimar a sus parejas para satisfacer un deseo o una necesidad propios. Pero la posibilidad de causarle dolor a su compañero es parte del **costo** que la infidelidad tiene. Es una de las partes negativas de la situación, no es la razón para hacerlo. No lo hacen *para* lastimar y ésa es la condición que el amor impone.

Tampoco creo que pueda decirse que aceptar el riesgo de dañar implica que no te importe el otro ni que te dé igual lo que suceda. Del mismo modo que no se puede decir que a mí no me importa si mis hijos se quedan sin padre porque finalmente decido subirme, por razones totalmente egoístas, al bendito avión.

Si alguien cometiese una infidelidad con el objeto de lastimar a su compañero (y hay casos en los que eso sucede) entonces sí implicaría necesariamente un desamor y justificaría, siempre, una disolución del vínculo. Pongamos, por ejemplo, este caso híper simplificado:

Castaño: —¡Me engañaste!
Encina: —Sí. Lo siento.
Castaño: —Entonces yo voy a engañarte también.

La infidelidad de Encina no es evidencia de un desamor, la de Castaño, sí. Encina no lo hizo para lastimar, le apena el dolor que le produjo. Castaño, en cambio, sí lo hace para causarle dolor a Encina (aunque no sea más que un dolor equivalente al que siente). Encina tendría razones suficientes para separarse. Podría decir:

—Tú no me amas, me deseas el mal.

Castaño no puede, por el mero hecho de que Encina le ha sido infiel, concluir que ya no hay amor (por más daño que la situación le haya causado).

Habría, sí, algo a tener en cuenta: no es lo mismo estar dispuesto a correr *ciertos riesgos* que habilitarse a correr *cualquier riesgo*. Si yo, para llegar a mi conferencia, estoy dispuesto a hacer el viaje en una avioneta destartalada, conducida por un expiloto alcohólico y con tendencias suicidas, creo que sería justificado que alguien me dijera:

—Estás descuidando a tus hijos. No los quieres del todo bien. Si los quisieras no los expondrías a un riesgo tan grande y previsible.

Esto nos lleva a una conclusión de suma importancia. Y es que, **a la hora de juzgar el desamor que puede haber o no en una infidelidad, es fundamental tener en cuenta las condiciones de la misma.**

Me refiero a cuánto mi pareja me cuidó, o no, en su infidelidad. No me parece lo mismo que mi pareja haya tenido un encuentro secreto con alguien que me es totalmente desconocido y que yo me entere por un improbable azar, que el que haya salido una noche y al día siguiente publique en las redes sociales una selfie junto a otra persona tomada en la puerta de un hotel de paso. En este último caso, yo podría muy bien decirle:

—A ti no te importo. No piensas ni siquiera en cómo voy a sentirme. No me cuidas. Ya no me amas.

No creo que se pueda afirmar lo mismo en el primer caso.

Es obvio que si quien es infiel miente y oculta, lo hace para evitar las consecuencias que sufriría si su transgresión saliese a la luz y para no verse forzado a terminar su aventura o su pareja. Menos obvio es que, el hecho de que mienta, podría llegar a ser una prueba de que la pareja primaria le interesa. Si no le interesara, tal vez, no habría razón para mentir:

—¿De dónde vienes a esta hora?
—¡De una orgía monumental!
—¡Te vas de casa ahora mismo!
—¡¡Genial!! No sabes lo que lo estuve esperando...

He escuchado muchas personas que, luego de haber descubierto un engaño por parte de su pareja, se mostraban confusas:

—No entiendo —decían—. ¿Por qué me mintió?

—¿Qué es lo que no entiendes?

—Por qué no me lo dijo...

—¿Qué hubiera pasado si te lo decía?

—Le hubiese dicho que se fuera de casa y me habría separado.

—¡Por eso no te lo dijo! No quería que eso pasara.

En su libro *Mating in Captivity*,[1] Esther Perel señala con acierto que una infidelidad habla de una pareja primaria que, si bien puede tener problemas, es suficientemente buena como para no querer perderla. De lo contrario, lo que habría en lugar de una infidelidad sería un abandono y la formación de una pareja nueva. La gran, inmensa, mayoría de las veces, lo que quien engaña quiere no es "esto *por* lo otro" sino "esto *y* lo otro".

El ocultamiento y las mentiras son parte de esta lógica y llevan, a menudo, la intención no sólo de no perder la relación primaria, sino de ahorrarle al compañero el dolor que la revelación de un affaire puede causar.

Es relativamente fácil sentenciar aquí:

—¡Si no quería hacer daño no lo hubiera hecho!

Por supuesto. No estoy diciendo que quien fue infiel lo hizo para cuidar a su compañero, fue infiel para satisfacer un deseo propio. Estoy diciendo que parte de las razones para ocultar o mentir tienen que ver con cuidar una relación y a una persona a la que, evidentemente, aún se valora.

Del descuido a la crueldad

En "Cuando fui mortal",[2] posiblemente uno de los mejores cuentos que he leído en mi vida, el talentosísimo escritor español Javier Marías toma la voz de un fantasma que rememora su vida. Una de las cosas que recuerda es haber tenido una amante, y dice:

> Tuve siempre tanto cuidado de no delatarme, de no herir y de ser piadoso [...]. Nunca cometí un error, porque los errores en estas cuestiones son formas de desconsideración, o aún peor, son maldades.

En la muerte imaginada por Marías, sin embargo, todo se sabe (todo lo que se ignoraba en vida: "cuanto nos atañe o nos tuvo en medio, o tan sólo cerca") y el fantasma se acongoja al pensar que su mujer, cuando muera, no podrá más que saber de esa otra historia al igual que él ahora sabe de cosas que preferiría, y ya no puede, ignorar. El fantasma llama a ese estado de saber absoluto: el estado de la crueldad.

Ésta es la razón por la cual algunas infidelidades son directamente maldades y otras no (o, al menos, no directamente).

Si alguien se acuesta con su cuñada o su cuñado, con el mejor amigo o el jefe de su pareja...

Si lo hace debajo de las narices del otro, en la habitación contigua mientras su pareja toma un café en la sala o en el baño de una fiesta mientras el otro lo espera...

Si no pone cuidado con las enfermedades de transmisión sexual...

Si por ocuparse del affaire hace faltar el tiempo, la atención o el dinero en su relación...

Entonces podemos hablar, como dice Javier Marías, de desconsideración y hasta de maldad. Lo que estos casos tienen en común y por lo que nos resultan tan abominables, es que son crueles.

Ya no se trata tan sólo de que el otro hace algo cuestionable en su propio tiempo y espacio personal, sino que además lo fuerza en el espacio compartido. Me obliga a ser parte de ello. Se mete con cosas mías o lo hace de un modo que acabará incluyéndome contra mi voluntad.

En estos casos (y no en todos), los efectos de lo que ha hecho me alcanzarán ineludiblemente. Sea porque me enteraré aun sin quererlo, porque los que me rodean lo sabrán y eso condicionará sus vínculos conmigo o porque sufriré alguna consecuencia colateral de sus acciones.

Aliso y Eucalipto están casados. Eucalipto tiene una modesta empresa con su socio desde hace unos cinco años. Durante los últimos meses, Aliso ha mantenido una relación clandestina con el socio de Eucalipto.

En determinado momento las ventas de la empresa caen. Es necesario tomar decisiones y comienzan a haber discrepancias en el seno de la sociedad. La tensión entre Eucalipto y su socio crece.

Eucalipto cree que todo se debe a cuestiones laborales pero para el socio hay otros temas en danza que embarran el terreno. Las discusiones se multiplican y no hay acuerdos. Eucalipto se halla en medio de una red sobre la que debe moverse y de la que nada sabe.

Finalmente la sociedad se disuelve. Eucalipto deberá rehacer gran parte del negocio: tiene tiempos difíciles por delante. Cuando meses después descubra el affaire que ya ha terminado, Eucalipto no podrá deshacerse de la pregunta: el destino de su sociedad... ¿fue una cuestión de negocios o fue personal?

Las acciones de Aliso han perjudicado a Eucalipto directamente. Ha influido sobre cuestiones que estaban en el espacio personal de su pareja. Atención: esto no vale para cualquier infidelidad. Que a mí me afecte lo que has hecho con tu vida (porque, por ejemplo, me decepciona o me enoja) no es lo mismo a que te metas con mi vida. Aliso le ha impuesto situaciones y consecuencias a Eucalipto que van más allá de su vida de pareja. El alcance de esta infidelidad es mucho mayor que el de otras. Si bien Aliso no podía saber cuáles serían las consecuencias, era previsible que, aun cuando Eucalipto nunca se enterara, lo que sucediera con su socio, le afectaría. Hay aquí un descuido evidente y, en consecuencia, podemos hablar, sí, de un desamor.

Hasta podría argumentarse que lo mismo vale para aquellos casos en los que, quien ha engañado, decide de repente contarle a su pareja lo sucedido. Al contarlo, impone algo en el espacio compartido de la pareja sin el consentimiento del otro. Ha arrastrado algo que estaba en su espacio personal y lo ha lanzado al terreno común. Le obliga al otro a vivir algo que no ha elegido.

He conocido no pocas personas que, luego de escuchar de boca de su pareja "la confesión" de una infidelidad insospechada, se sintieron enojadas por ello.

—¿Para qué me lo contó? ¿Para aliviar su conciencia? ¿Además de soportar que se acostó con alguien más tengo que cargar yo con el fardo? Se hubiera aguantado si no podía dormir...

En ocasiones la actitud políticamente correcta de la sinceridad esconde una salida fácil para los propios remordimientos. Quien ha sido infiel termina aliviándose al contarlo y transfiriéndole la angustia al engañado. Tengamos presente que nuestro compañero no tiene por qué cargar con las consecuencias de nuestras decisiones.

Sin embargo, no todos los casos son así de crueles y, posiblemente, ni siquiera lo sean la mayoría. Habremos de evaluar nuestra historia con cuidado y toda la serenidad de la que dispongamos, antes de concluir que allí no puede haber amor. No seamos tan rápidos en adjudicar descuidos, desconsideración o, incluso, maldad.

Ni el hecho de que alguien ame o goce con otro u otra, ni el que haya decidido a sabiendas correr el riego de dañarnos, ni el que oculte o mienta al respecto, pueden llevarnos a concluir automáticamente que quien nos ha engañado no nos ama. Ni tampoco, de paso y por las mismas razones, que es un villano.

Las más de las veces, de hecho, aunque parezca extraño, el amor está allí.

CAPÍTULO 12

Ilusiones rotas

El dolor fundamental que la infidelidad genera, el más central y también el más intenso, el que nos enloquece y nos pone de rodillas, es el de la desvalorización en la que se ve sumergido quien ha sido engañado.

Hemos dicho ya que la infidelidad no implica necesariamente un problema de pareja ni una falta de amor. Recordarlo es fundamental para mitigar la sensación de menosprecio que nos invade. Pero aun así, tendremos que enfrentarnos con el hecho de que, si bien la infidelidad no implica desamor, **indudablemente implica que no soy lo único que amas.**

Debemos entender amar aquí en sentido amplio (como se usa en francés): me gusta, me interesa: no soy lo único que te interesa. Aquello que los celos dejaban entrever, la infidelidad lo confirma: no soy suficiente para ti. No te basto, no colmo tus deseos. Tienes ojos para otros, para otras. Ojos y palabras y piel y risas y sexo.

Qué difícil es soportarlo.

Qué dolor tan profundo causa esta verdad que la infidelidad pone frente a nuestros ojos y que no podemos dejar de ver.

A veces compruebo o imagino (para el caso, lo mismo da) que en esos otros encuentros recibes cosas que yo no logro darte. Otras veces veo que lo que tienes allí, lo tienes también conmigo pero, aun así, duele saber que no soy el único que podía dártelo.

En un relato adecuadamente titulado "El otro",[1] del libro *Amores en fuga*, Bernhard Schlink nos cuenta acerca de un hombre cuya mujer acaba de morir. Al poco tiempo recibe una carta dirigida a ella. Rápidamente comprende: quien escribe es un antiguo amante de su mujer que no sabe que ella ha muerto: quiere volver a verla... retomar aquel amor...

A partir de un malentendido inicial, nuestro viudo comenzará a responder las cartas del amante haciéndose pasar por su fallecida esposa, Lisa. El otro responderá, complacido, y se establecerá un intercambio epistolar a través del que, el reciente viudo, intentará averiguar más sobre la relación de Lisa con el otro. Dice Schlink:

¿Cómo podía saber si ella había sido la mujer de su vida y, al mismo tiempo, otra mujer para el otro? Quizá para el otro también fuera la misma que fue para él. Cuando Lisa y él iban a un concierto y sus manos se encontraban porque los dos estaban gozando de la música; cuando, a primera hora del día, la observaba mientras se maquillaba y ella le enviaba una breve mirada y una leve sonrisa antes de volver a concentrarse en su imagen en el espejo; cuando se despertaba por la mañana y en seguida se rozaba cariñosamente con él y luego se desperezaba y estiraba en la otra dirección [...]: en esas situaciones se revelaba lo realmente unidos que estaban. Él siempre había dado por supuesto que se trataba de una unión exclusiva pero ahora ya no podía dar por supuesto nada. ¿Por qué no iba a haber estado tan unida con el otro como con él? ¿Por qué no iba a haber cogido la mano del otro en un concierto, por que no iba a haberle lanzado también al otro una mirada y una sonrisa mientras se maquillaba, por qué no iba a haberse rozado, desperezado y estirado en la cama junto al otro? [...]

A veces se preguntaba qué era peor, que la persona amada al estar con otra persona se convierta también en otra o que siga siendo la misma a la que uno se siente tan unido. ¿O quizá las dos eran dolorosas por igual? Al fin y al cabo, en ambos casos le roban a uno algo: algo que le pertenece o algo que debería pertenecerle.

¿Qué es peor —se pregunta el personaje de Schlink—, que nuestra pareja busque afuera lo que no podemos darle, o que busque lo mismo que tiene con nosotros? Finalmente es igual, porque **lo que la infidelidad nos roba, en cualquier caso, es la ilusión de que éramos únicos en la vida (y en los deseos) de nuestra pareja.**

Saber que nuestra pareja tiene o ha tenido una relación paralela o incluso un solo encuentro lateral, nos lleva a una conclusión que parece inequívoca:

—No soy tan especial...

Escalera al infierno

A partir de la contundente comprobación de que mi pareja desea otras cosas además de las que tiene conmigo se establece toda una cadena de pensamientos que nos hace descender a un profundo autodesprecio.

El primer escalón que bajamos consiste en pasar de **"tú necesitabas otras cosas"**, lo cual es evidentemente cierto, a **"yo no te fui suficiente"**, lo cual también es cierto, pero trivial. Pues como ya vimos: ¿podía yo, acaso, haber sido suficiente?, ¿podría haber satisfecho todos tus deseos? Por supuesto que no.

El segundo escalón, más dañino aún y más falaz, es pasar de "no te fui suficiente" a **"no soy suficiente"**. Traslado algo que te pasa a ti a algo que habla sobre mí y concluyo:

—No soy una persona suficientemente atractiva, fogosa, divertida o comprensiva...

Por último, el escalón final, el más drástico y más tremendo, es el que pasa de "no soy suficiente" a **"soy despreciable"**. Generalizo una falencia que hasta allí era puntual a un juicio sobre toda mi persona: si no tengo *ese* atributo, entonces ninguno de los que sí tengo tiene valor.

Cuando se instala el desprecio hacia uno mismo, nos abruma una sensación de absoluta minusvalía. Soy una especie de despojo, de desecho humano. Y lo que es peor, eres tú quien me ha empujado a esta espiral nefasta.

—Me has quitado toda mi autoestima. Por tu culpa, me aborrezco.

Las emociones que surgen a raíz de esto son lógicamente el rencor y hasta el odio. Con su rabia, el engañado dice:

—Te odio por lo que me haces pensar de mí mismo.

La furia enloquecida que quien ha sido engañado siente hacia el infiel es la respuesta a lo que vive como una denigración. Los gritos, los insultos, la ridiculización, el desprecio que con frecuencia dispara contra su pareja son modos en los que intenta equiparar la balanza: "Si consigo que tú te sientas igual de despreciable que yo, sufriré menos...".

No funciona: que mi compañero pierda valor no hace que yo recupere el mío.

Quizá la máxima expresión de este escenario la encontremos en el miedo a ser reemplazado:

—Si otro puede darte lo que se suponía que sólo yo debía darte, entonces no me necesitas, podrías prescindir de mí; podrías dejarme.

Podría parecer que lo más temible aquí sería la perspectiva de perder al otro. Incluso podría pensarse que este miedo sería aquello que "se esconde" detrás de todo el padecer.

No lo creo.

En un principio, al menos, el miedo a perderte es menos importante que mi necesidad de recobrar mi pisoteado amor propio. Es por ello que muchas, muchísimas veces, la reacción inicial de alguien frente al descubrimiento de una infidelidad es:

—¡Vete! No quiero volver a verte jamás.

Si el problema estuviera principalmente en perder al otro, ¿de qué modo hacerlo desaparecer de mi vida lo solucionaría? ¿No he conseguido con ello, justamente, perderlo? Por supuesto.

Cuando alguien comienza de modo auténtico a preocuparse por perder a su compañero o por perder la pareja es, casi seguro, porque ya ha dado algún paso. Porque ya ha podido dar alguna respuesta al otro dolor, el que carcome por dentro: aquel de la desvalorización.

Lo horroroso de que me dejes por otro o por otra (más aún que no tenerte) es que me hayas desechado. Es muy pequeño el salto (y, por ende, muy fácil de dar) entre "tú me has desechado" y "soy un desecho".

Te han servido en un plato un corte de carne, sabrosa y humeante, unas papas crujientes y doradas y dos o tres ramitas de brócoli, descoloridas y maltrechas. Te comes la carne y las papas y dejas, a un costado del plato, el brócoli, apartándolo con el cuchillo como si diera asco.

La infidelidad me hace sentir que yo soy brócoli.

Lo que duele profunda, insoportablemente, frente a cualquier infidelidad es este desprecio. No sólo compruebo que no tengo valor para ti, lo cual ya sería bastante malo, sino que siento yo no soy valioso o valiosa. Tu juicio es como una única nube, quizá no tan grande pero que, ubicándose justo frente al sol, deja todo en la sombra. Si tú, que eres quién más me conoce, no me elige... ¿quién habría de elegirme? Me siento incapaz de despertar amor, o atracción, o deseo...

No sorprende ahora esta reacción inicial frecuente de echar al infiel. Es un modo de rechazar a aquel por quien nos sentimos rechazados. Luego, si el precio de perder al otro es demasiado alto, tal vez rechacemos de otra forma: denigrando. Muchas veces a cuentagotas, pero constante. ¿Recuerdas el caso de Laurel y Cerezo del capítulo 3? Comprendemos ahora de dónde venían todos aquellos comentarios irónicos. Cada situación, por insignificante que fuera, que a Laurel le hacía recordar lo sucedido despertaba el dolor de sentirse despreciable. Despreciar a Cerezo era un modo de intentar recomponerse.

La ridiculización del deseo sexual ("¡puñetas!, ¡puta!") y la universalmente aceptada inmoralidad del adulterio ("¡traidora!, ¡traidor!") brindan los argumentos para esta contraofensiva.

El precio de intentar recomponer la autoestima por medio de esta estrategia es altísimo. El nivel de agresión escala, el vínculo se deteriora y, para colmo, la mejora de la autoimagen que se consigue es sumamente endeble. Siempre está a punto de desmoronarse y por ello necesita constantemente de nuevos dardos y de más veneno.

Es imprescindible, si queremos no sucumbir frente a una infidelidad, combatir este dolor de otra manera. De lo que se trata es de cuestionar la cadena de pensamientos que nos lleva al autodesprecio. Desandar esa "escalera al infierno". Para ello habremos de aceptar algunas verdades e identificar algunos eslabones cuyo enlace es falaz.

Verdades incómodas

Una virtud poco agradable de la infidelidad es la de despertarnos de la ilusión de que éramos los únicos que podíamos brindarle a nuestra pareja ciertas satisfacciones sexuales, amorosas o de otra estofa (como vimos en el caso de Haya del capítulo 10). Y si bien es cierto que no estaremos dispuestos a agradecerle semejante descubrimiento, no es menos cierto que ésta es una ilusión de la que tendríamos que haber despertado antes.

La infidelidad no nos vuelve reemplazables, ya lo éramos; pero preferíamos hacer oídos sordos a ello. Hubiera sido mejor, claro, no tener que esperar a que aconteciera una infidelidad para despertar a esta verdad... pero muchas veces no lo conseguimos antes de darnos un buen golpe.

Aceptar que no podemos satisfacer todas las necesidades de nuestra pareja es una herida al orgullo. Pero lo es sólo si pensamos que es algo que deberíamos haber podido hacer. Si comprendemos lo ridículo de esta pretensión entonces no nos afectará tanto. Hay, por supuesto, un ideal cultural que sostiene y promueve esta desmesura: nuestra tarea es identificarlo allí donde aparezca (historias, anuncios, comentarios) para cuestionarlo.

Ahora bien: que comprendamos que no somos únicos no implica que no seamos especiales. Yo tengo dos hijos. Ninguno de ellos es hijo único: tengo dos. Mira, puedes contarlos: uno y dos. Incluso he tenido deseos de más. ¿Alguien podría pensar que por ello mis hijos no son especiales para mí? Claro que no.

Imagino que querrás objetar:

—Pero cada uno de tus hijos es único a su manera. Uno no es igual al otro.

De acuerdo, pero si tomamos esta definición, entonces también vale para una pareja y un amante: cada uno es único a su manera, no son iguales. Pero me parece mejor reservar la idea de único para lo que significa: que hay sólo uno. Reafirmamos entonces: cuando comprobamos una infidelidad comprendemos que nos éramos únicos. Pero es muy probable que sigamos siendo especiales, es decir: que sigamos teniendo un lugar de enorme importancia en la vida de nuestra pareja. Y no sólo por obligación, por todas las cosas que compartimos y que nos anudan: casa, hijos, cuentas, familia, historia... también por elección.

Lo que no es tan seguro es que el tercero o la tercera sea, también, especial. Amy Winehouse canta con su voz hipnótica "I Heard Love Is Blind" (Escuché que el amor es ciego) diciendo:

No pude resistirlo,

sus ojos eran como los tuyos,

su cabello tenía el mismo tono marrón,

era apenas más bajo, pero no podría decirlo

estaba oscuro y yo acostada.

Eres todo para mí,

él no significa nada.

Ni siquiera recuerdo su nombre.

¿Por qué te enojas tanto?

Amor, no estabas ahí

y yo pensaba en ti cuando gocé.

¿Cabe alguna duda de quién es especial aquí y quién no lo es? ¿Verdad que no? Habría que ser muy necio para renegar de ello.

Es cierto que no todas las infidelidades son como ésta y que hay otras en las cuales lo que sucedía con la tercera persona también era importante. Esto es más difícil de tolerar pero, nuevamente, debemos tener presente que eso, por sí mismo, no nos quita valor.

Seguramente podríamos sentir:

—No, no, no... yo lo que quiero es ser especial, especial. Si hay más de una persona especial para ti, entonces nadie lo es en verdad.

Incluso si aceptamos razonamientos como éste o no conseguimos que nuestra emoción se aparte de ellos deberemos darnos cuenta de lo que el sentido común señala: especiales o no, debe de haber algo en nosotros que nuestra pareja valora y a lo cual no está tan dispuesto a renunciar. Como dijimos, si no fuera así, en lugar de sernos infiel, nos hubiera abandonado.

Se dice habitualmente:

—¡Es que lo quiere todo!

Efectivamente. Quiere las dos cosas. Y eso implica también: las dos cosas, las quiere.

Estoy convencido de que comprender todas estas cuestiones producirá algún alivio en el sufrimiento de quien ha sido engañado. Sin embargo, llegar hasta aquí, con lo difícil que es, no será suficiente. Debemos todavía, desandar un par de escalones más.

Pues es posible que, quien sufre la infidelidad de su pareja pueda, llegado este punto, decir algo como:

—Comprendo que me valora. Que soy especial, que no tiene con nadie lo que tiene conmigo. Incluso que sigo siendo la persona más importante de su vida... Pero no me alcanza. Yo quería ser especial en *eso*. Quería que *eso* le gustara de mí.

¿Y que es *eso*? Dependerá de cada uno:

—Yo quería que me deseara con locura (sólo a mí).
—Yo quería ser su (único) confidente.
—Yo quería que se divirtiese (especialmente) conmigo.

Hay algunas infidelidades que son exquisitamente dolorosas porque, por decirlo de alguna manera, "dan en el blanco". No sólo siento que ponen al descubierto una falencia mía sino que es una, específica, que no puedo soportar. En ocasiones eso se debe a que lo que está en juego es mi punto débil y tu rechazo confirma mis peores temores. Otras veces, por el contrario, lo que siento rechazado es mi mejor arma... si lo mejor que tengo no funciona, ¿con qué habré de valerme de aquí en adelante?

En un descuido de Ébano, Boj se ha hecho con la contraseña de su bandeja de mails. Desde entonces los inspecciona con regularidad. Sigue especialmente los intercambios que Ébano mantiene con Madroño.

Ébano y Madroño trabajan en un proyecto compartido. Boj no puede dejar de distinguir los coqueteos, los comentarios cómplices. Es una ventana a todo aquello que podría suceder cuando Boj no está allí. ¿Hasta dónde han llegado? Le es imposible decirlo.

De entre todo, sin embargo, hay algo que le resulta especialmente doloroso. Madroño le cuenta a Ébano de los viajes que ha hecho, de los que aún hace. Líneas y líneas describiendo Budapest, Nueva Orleans o Wellington. Viajes como los que Ébano y Boj ya no hacen. Como los que en algún tiempo hacían, antes de que la búsqueda del embarazo los absorbiera. Como aquél de Perú, en el que se conocieron...

Este punto especialmente doloroso surge a veces de la historia compartida, otras veces está determinado por nuestras más íntimas miserias. En muchas oportunidades nos remite a la sexualidad porque la mayoría de las personas toleramos con dificultad la exposición de una falencia en ese terreno.

Cuanto más cercano a nuestros ideales está lo que sabemos (¡o imaginamos!) que nuestra pareja encontraba en el otro o en la otra, la infidelidad duele más.

Supongamos dos ejemplos para contrastar:

—Dime, ¿qué tiene Chañar que no tenga yo?
—¿Quieres saber la verdad?
—Sí.
—Tiene un pene enorme.
—¿Cómo?
—Sí. Me gustan los penes grandes.

Esta infidelidad parece tremenda. Veamos, en cambio, ésta:

—Dime, ¿qué tiene Chañar que no tenga yo?
—¿Quieres saber la verdad?
—Sí.
—Tiene un pene diminuto.
—¿Cómo?
—Sí. Me gustan los penes pequeños.

Este caso, a pesar de que es estructuralmente idéntico al anterior, lastima menos. ¿Por qué? Porque facilita que no pensemos que detrás hay un déficit propio. Casi todos tenemos el ideal (absurdo, pero no por ello menos extendido) de que un pene grande es mejor. En consecuencia, si vas a buscar un pene grande es un problema mío (o de mi pene). Si vas a buscar un pene chico es un problema tuyo (eres un poco *freaky*).

Cuando conseguimos ver que lo que hace o desea nuestro compañero no habla de lo que somos nosotros, entonces conseguimos atravesarlo con mucha mayor serenidad.

Recobrando el valor

Por último, supongamos un caso extremo. Un caso en el que no sólo compruebo que no soy único para ti sino que, pese a que he intentado mirar todo de forma compasiva, no puedo dejar de ver que tampoco soy especial para ti. Lo cierto, lo dolorosamente cierto, es que no me valoras. Ni en un aspecto particular ni como persona en general.

Atención: no debemos precipitarnos en pensar que éste es nuestro caso. Hace falta mucho para llegar a una conclusión como ésta y no será adecuada en la mayoría de los casos. Seguramente estemos hablando de alguna situación en la que ha habido un descuido muy grande, un daño directo o un abandono. Hecha esta salvedad, supongamos que en efecto llego a esa conclusión: no me valoras en absoluto.

Aun frente a esta evidencia, tenemos un modo de defendernos para no caer en la desvalorización. Es el último escalón que debemos desandar. Se trata de entender que, **el hecho de que tú no me valores no hace que yo no sea valioso o valiosa.** Es una verdad evidente pero, en la pareja, a menudo la olvidamos.

Es muy posible que seas quien más me conoce. Es posible que seas con quien comparto más tiempo. Es posible que tu opinión me importe mucho... pero aun así no eres más que *una* persona. Y no puedo juzgarme cabalmente por el parecer de una persona, aunque sea la que más sabe de mí.

Utilicé más arriba la metáfora de una sola nube que, tapando el sol, lo oscurece todo. Así funciona, muchas veces, con nuestras parejas. Convertimos al otro en el Astro Rey, todo gira a su alrededor y es la fuente de toda nuestra luz y nuestro contento. Así, cuando una nube lo cubre, todo cae en penumbra. Le entregamos a nuestras parejas el poder de decidir sobre la valía de las personas. Si elige a otro u otra por encima de mí, ese otro u otra es mejor que yo. Él o ella, sabe. Él o ella tiene la vara con la que se mide cuán deseable es una persona... pero somos nosotros quienes se la hemos otorgado.

Es hora de retirársela.

Es fundamental para aquellos que han sido engañados distanciar la valoración que proviene de su compañero de la que otros o ellos mismos pueden hacer. Esto es algo que, en verdad, todos los que estamos en pareja tendríamos que ejercitar. Una cosa es que la opinión de nuestra pareja sea importante, incluso muy importante. Otra cosa es que sea taxativa e inapelable.

Además de desconfiar del juicio que mi pareja parece tener sobre mí también suele ser importante buscar activamente otros vínculos u otros ámbitos en los que sí nos sintamos valorados. Incluso dedicarse a generar nuevos espacios en los cuales hallar reconocimiento y nuevas habilidades que puedan despertarlo.

La pérdida de valoración está en el centro del dolor de la infidelidad. Estar atentos a cada uno de los supuestos que nos llevan allí, para cuestionarlos y desarmarlos es imprescindible para atravesar tanto el descubrimiento de una infidelidad como el camino de una separación adulta o la reconstrucción de una pareja sana.

CAPÍTULO 13

La ruptura de la promesa

De los cuatro dolores que deja una infidelidad quizá sea éste el mas fácil de explicar y el primero que salta a la vista.

Imagina que tienes doce años. Tú y una amiga cometen una pequeña travesura: fuman un cigarrillo a escondidas. Saben que, si alguien se entera, tendrán un problema. Hacen entonces un pacto de sangre. Se realizan un pequeño corte en la palma de la mano, apoyan una contra la otra y juran: nadie lo sabrá jamás.

Dejan, sin embargo, algún indicio y los padres de tu amiga sospechan. La presionan y finalmente ella confiesa. Lo sucedido llega entonces a oídos de tus padres, quienes hablan contigo seriamente y te imponen un castigo.

Duelen el sermón y las restricciones que te han impuesto. Pero tanto o más duele la traición de tu amiga. Lo habían jurado y pactado. ¡Incluso sellado con sangre!

Cualquiera puede comprender este dolor. Todos hemos estado en una situación similar alguna vez. La sensación es conocida y nos sobran las palabras para hablar de ella:

Traición
Deslealtad

Defraudación

Estafa

Desilusión

Canallada

Engaño

Decepción

Y, por supuesto:

Infidelidad

Notemos que, para que nos surjan estas palabras, no es suficiente con que nos hayan lastimado. Es necesario además que haya, de modo previo, una promesa, un juramento, un pacto que el otro ha quebrantado.

Éste es, claro está, el caso de la infidelidad.

De hecho, casi podríamos formular aquí una definición (que no soluciona los problemas de demarcación que discutimos en el capítulo 7, pero que tal vez sea útil): una infidelidad es cualquier actividad sexual por fuera del acuerdo con la pareja. Por eso, si mi pareja tiene sexo con otra persona *con mi consentimiento*, no puede hablarse de infidelidad.

Que toda la aventura transcurra en secreto es, al mismo tiempo, un aspecto que ejerce un fuerte atractivo sobre quienes la viven y una fuente de dolor para quien eventualmente la descubre. Quien se encuentra frente a una infidelidad descubre que ha sido engañado en dos sentidos: *su pareja ha tenido sexo con alguien más* y *ha creído que las cosas eran distintas de lo que eran.*

Muchas personas sienten incluso que es este segundo senti-do el que más duele. La mentira, la deslealtad y la traición, sos-tienen, duelen más aún que la pérdida del lugar de exclusividad.

En ocasiones lo expresan así:

—Lo que me duele no es que te acuestes con otro u otra. Es que me mientas...

Aquí, sin embargo, me permitiré dudar. La ruptura de la promesa es indudablemente dolorosa pero, planteado de esta forma, creo que había que sospechar una estratagema para son-sacar la verdad.

Nopal y Pacara están de novios hace algunos meses. No-pal está a punto de salir de viaje con un grupo de amigos a una playa cercana. El destino tiene fama de lugar de "fiesta". Pacara tiene inquietudes. Nopal le asegura que eso no le interesa y que va por sus amigos. No le cuenta, sin embargo, que entre esos amigos hay alguien con quien ha salido en algún momento. Nopal no tiene otras intenciones, pero sabe que podría despertar aún más ce-los en Pacara.

Unos días antes de la partida hay una cena del grupo. Nopal y Pacara acuden juntos. Luego de un rato allí, Pacara, perspicaz, identifica por ciertos rasgos a la persona que ha salido con Nopal.

—Es tu expareja —le dice.

—No —es la primera respuesta de Nopal.

—Vamos, dime la verdad... —dice Pacara con tono amigable—. No me molesta que viajen juntos, me moles-ta que me mientas.

—Okey —dice Nopal, dando crédito al argumento—. Es cierto. Es con quien salí.

Pacara estalla:

—¡Basura! ¡Claro y te ibas a ir sin decirme nada! Me mentiste.

—Bueno... —dice Nopal con algo de sorpresa—. Te lo estoy diciendo ahora.

—¡Ahora no sirve! ¿Por qué mentiste, qué tienes que ocultar?

—¡Nada! No te lo dije porque sabía que ibas a ponerte así...

—No quiero que vayas al viaje. Pero no por tu ex... ¡por la mentira!

Queda claro que en este caso, como en muchos otros, la mentira molestaba pero también molestaba la presencia de un tercero en sí. Es más, este ejemplo ilustra otro aspecto que se observa con cierta frecuencia: el señalamiento de la mentira, dado que es una falta moral incuestionable, termina utilizándose para imponer restricciones o exigir compensaciones que de otro modo resultarían evidentemente fuera de lugar.

Convendría entonces reformular el planteamiento que exponíamos más arriba y decir:

—Me duele que te acuestes con otra o con otro *y* me duele que me mientas.

¿Pacto o imposición?

Hemos dicho que, para hablar de traición es necesario que haya un pacto previo. Sin embargo, a diferencia de lo que ocurría en la situación que te he invitado a imaginar en el comienzo de este capítulo, entre las parejas no suele haber un pacto explícito de fidelidad.

La mayoría de las parejas que salen, están de novios o conviven, jamás han tenido una conversación acerca de qué cuestiones son exclusivas entre ambos y cuáles no. Tampoco todos los que se han casado han pronunciado votos de fidelidad (recordemos que, en muchos países, la fidelidad ya no está entre los deberes conyugales civiles). Sin embargo, cuando las personas en cualquiera de estas relaciones descubren que hay otro u otra, consideran que se ha violado un pacto.

—Está sobreentendido —me dirán—. Es un acuerdo tácito.

Es cierto. El acuerdo tácito existe y, a falta de una conversación específica, se supone que ambos han aceptado las condiciones que el conjunto de la sociedad establece y espera en una pareja.

Esto, sin embargo, acarrea algunos problemas. Aceptar que pueden existir promesas tácitas, abriría la puerta para que los demás se habilitaran a realizar cualquier exigencia y sentirse con derecho a pretender de nosotros lo que se les antojase, amparados en una supuesta promesa silenciosa:

—¿Me llevas al aeropuerto?
—No puedo.
—¿Pero cómo? Tú me lo prometiste.

—¿¡Qué!? Jamás te dije una cosa así.

—Bueno… Somos amigos: es una promesa tácita.

¿Cómo habremos de definir cuándo estamos rompiendo un acuerdo si ni siquiera hemos hablado de ello ni, mucho menos, intentado definir sus condiciones particulares?

Tener algunas conversaciones acerca de la monogamia y la fidelidad, de cómo las entendemos y de qué esperamos el uno del otro en ese sentido es de enorme valor para cualquier pareja. Pero aun cuando lo hagamos, será imposible formular acuerdos exhaustivos y definir, de modo infalible, qué conductas están dentro de nuestro pacto y cuáles no. Creo que esto es algo a tener en cuenta al juzgar determinada transgresión.

Hay todavía un punto mucho más complicado en todo este asunto. Un aspecto que, si dimensionamos adecuadamente, debería en mi opinión movernos a ser algo más comprensivos con quien ha sostenido esta mentira. Es el siguiente:

La fidelidad es un pacto un tanto "forzado".

¿Puedo verdaderamente sorprenderme o enojarme si rompes un pacto que no podías no aceptar?

Es cierto que alguien puede, técnicamente, rehusar un acuerdo de fidelidad mutua. Es sin duda posible (y afortunadamente cada vez más frecuente) que las personas sientan la libertad de hacerlo si así lo desean. Sin embargo, convengamos en que, por lo general el precio a pagar podría ser muy alto.

Si nuestra pareja nos planteara abiertamente su deseo de tener sexo con otra persona o de mantener una relación romántica paralela, la mayoría de nosotros no lo tomaríamos del todo bien. Muchos se enojarían e incluso aquellos que apreciaran la honestidad considerarían que lo más razonable es separarse:

—Si quieres estar con alguien más, ve. Te agradezco que me lo digas, pero entonces lo nuestro se termina.

Y aunque ésta no fuera la respuesta que obtendríamos, casi siempre es la que *pensamos* que obtendríamos. Nos resulta casi imposible imaginar que nuestra pareja podría aceptar que tuviéramos deseos (y menos aún intenciones) de algún tipo de involucramiento con terceras personas. En consecuencia, aquellos que lo anhelan creen que no tienen otro camino que la clandestinidad.

Mientras no estemos dispuestos a escuchar lo que de verdad le sucede a nuestra pareja, mientras nuestra actitud hacia cualquier deseo que nos inquiete sea de juicio y condenación, mientras la amenaza que solapadamente transmitamos sea la de la separación, no podremos pedir que el otro sea sincero. ¿Cómo voy a esperar sinceridad si, dependiendo de lo que digas, yo podría dejarte?

Es casi como que yo te ponga un cuchillo en la garganta y te diga:

—Quiero que me digas la verdad. Pero recuerda: si la verdad que me dices no me gusta, te clavaré el cuchillo.

¿Qué respuesta creen que voy a recibir? Obviamente, la que quiero escuchar, sea la verdad o no.

La insistencia en la honestidad y, al mismo tiempo, la condena absoluta a cualquier tipo de "desvío", deja al otro en una posición sumamente incómoda: "Tienes que decirme la verdad y la verdad tiene que ser la que yo quiero que sea". En cuanto aparezca cualquier deseo apenas cuestionable, el otro se verá empujado a la más hermética clandestinidad.

Un buen ejemplo de esto nos lo brinda una película italiana que adoro titulada *L'ultimo bacio* (El último beso).[1] En la película se cuenta la historia de cuatro amigos. Según yo la entiendo, cada uno de ellos intenta resolver de modo distinto el problema de qué hacer con los deseos que se tienen por fuera de la pareja: Carlo está a punto de serle infiel a su prometida Giulia, Adrianno no le es infiel a su esposa pero acumula rencor por todo lo que se pierde, Alberto no quiere engañar a nadie de modo que no se compromete con ninguna, Paolo es tan fiel que no puede mirar a nadie más que a la que fue su novia, a pesar de que ya hace varios años que no están juntos. La película plantea que no hay respuestas fáciles ni categóricas para esta cuestión y que si alguien se cree por encima de ello puede pronto llevarse una sorpresa. Más allá de todo esto, la escena a la que quería hacer referencia es la siguiente:

Carlo y Giulia están en la cama. Giulia está embarazada y entusiasmada con ese proyecto. Carlo está algo atemorizado por la perspectiva de la vida de "responsabilidad" que se le viene. Para colmo acaba de conocer a Francesca en una boda y ha quedado hechizado por su belleza. Giulia comenta la infidelidad de alguien que conocen.

—Yo jamás te traicionaría —dice Giulia—. ¿Tú?

Carlo, que devanea en fantasías con Francesca, responde sin convicción:

—¿Eh?... No.

—¡¿Me traicionarías?!

—No, no, no. Te amo.

Ella sonríe. Pasan unos segundos en los que la tensión parece diluirse. Luego Giulia gira en la cama hacia Carlo, acerca su rostro al de él, lo mira a los ojos y le dice, lentamente:

—*Se mi tradisci, ti ammazzo* (Si me traicionas, te mato).

Su destino está sellado. Si alguna posibilidad tenía de evitar la transgresión de Carlo la ha echado a perder. Carlo sabrá a partir de allí que Giulia es por completo impermeable a lo que le sucede. Está solo con eso. No sorprende que sienta que sus deseos de frivolidad debe llevarlos a otro lado: no tardará en buscar a Francesca.

Yo te avisé

Quienes asumen que la infidelidad es tan sólo un problema de deshonestidad terminan a menudo adoptando una posición que está más dirigida a mantener una moral intachable que a cuidar verdaderamente al otro:

> *Alcornoque y Manzano tienen algunos encuentros sexuales. Poco a poco comienzan a compartir más cosas. Se perfila que van en camino a convertirse en "algo más". En una conversación al respecto, Alcornoque dice:*
> *—Te aviso que no soy una persona fiel.*
> *—¿Me estás proponiendo una relación abierta? —pregunta Manzano.*
> *—No, sólo quiero que lo sepas —responde Alcornoque.*

A mí, al menos, esta postura me resulta un tanto irritante. Me da la impresión de que, lejos de preocuparse por Manzano, lo único que le interesa a Alcornoque es que no se le pueda reclamar nada después. Quiere tener siempre la excusa de poder decir:

—Yo te avisé.

Como si eso eximiera de cualquier responsabilidad posterior.

Me dan ganas de decirle, aquí sí:

—Lo que molesta no es que te acuestes con otro o con otra... es que quieras lavarte las manos desde ahora.

No siempre decir la verdad es un acto considerado o cuidadoso; no siempre redunda en lo mejor para aquellos que están involucrados. Del otro lado, tampoco toda mentira se justifica por el solo hecho de que su intención sea ahorrarle dolor a otro.

Sopesar qué debemos contar y qué no, qué debe permanecer en nuestro espacio privado y qué queremos compartir, es una tarea que requiere una dedicación minuciosa. Incluye, seguramente alguna de estas preguntas: ¿cuál es mi intención al contar esto?, ¿quién se beneficiará y quién se perjudicará con la salida a la luz de esta verdad?, ¿nos ayuda como pareja esta información?

Quienes desoyen estas cuestiones a menudo terminan simplificando demasiado la situación. Es frecuente oír una aparente "solución" para el problema de la infidelidad expresada por quienes comentan lo que le ha sucedido... ¡a otros! Sentencian entonces con abrumadora contundencia:

—¡Qué mala persona! Si le pasaban cosas con alguien más se lo tendría que haber dicho a su pareja.

—¡Claro! —reafirma otro que escucha, dando a entender que quien sufre por estas tonterías es evidentemente un ser muy poco evolucionado.

— Se separaba, iba y se quitaba las dudas...

—O las ganas —dice el otro incluyendo algo de malicia que siempre viene bien porque demuestra que uno no es tonto.

—En todo caso después volvía... si es que su pareja todavía está, claro.

—¡Eso! ¡Que corra el riesgo! Si es tan valiente para engañar...

Adoptar una postura de superioridad moral es sencillo cuando no es tu pareja la que está en juego, cuando no eres tú el que siente el dolor ni el que se las ve frente a la aterradora perspectiva de perder todo lo que más te importa en la vida.

¿De verdad creen que es posible dejar con tanta liviandad a quien se ama o incluso a toda una familia sólo porque se tienen deseos sexuales, románticos o de lo que fuese por un tercero? Y aunque fuera posible... ¿no ven acaso el daño enorme que eso también causa? **Pensar que el dolor que puede causar una infidelidad es siempre mayor que el que puede causar una separación es de una enorme ingenuidad.**

Intentar este camino supuestamente irreprochable no será, tampoco, sin consecuencias:

Bambú vive con Sicomoro y los tres hijos de ambos. La vida familiar es apacible y reconfortante. En un espectáculo de ballet, Bambú conoce a Wengue. Se demoran hablando luego de la función. Intercambian teléfonos.

A partir de allí se ven con frecuencia. Cenas, cafés, largas conversaciones. Nada de sexo, ni un beso. Bambú se muere de ganas pero no quiere hacerle eso a Sicomoro.

Decide hablar. Le cuenta a Sicomoro que le pasan cosas con otra persona, que no quiere serle infiel, pero tampoco quiere perder lo que está viviendo con Wengue. Quiere separarse, tener la libertad para hacer lo que siente.

Se separan con la tristeza inevitable. Sigue un año de acuerdos difíciles, de bolsos y mochilas que los niños llevan de una casa a otra. Al cabo del año Bambú habla con Sicomoro.

—Te extraño —le dice—. Extraño la familia que teníamos. Quiero que volvamos.

Sicomoro acepta. Al fin y al cabo, Sicomoro nunca había querido separarse. ¿Debe negarse sólo por orgullo? Tras un periodo de noviazgo, vuelven todos a vivir en la misma casa. Sin embargo, Sicomoro no puede evitar, por momentos, distanciarse de Bambú.

—¿Qué te pasa? —pregunta Bambú en algún momento.

—Todavía te guardo rencor —confiesa Sicomoro.

—Pero... ¿por qué? —dice Bambú—. Si no te traicioné.

—¿No me traicionaste? Me hiciste pasar por una separación, por la tristeza, por los miedos de los chicos...

—¿¡Pero qué se suponía que tenía que hacer!? ¿Ponerte los cuernos?

—Quizá lo habría preferido. Nos habrías ahorrado a todos un montón de sufrimiento. Quizás hubieras sido sólo tú quien la hubiera pasado mal.

¿En quién pensaba Bambú cuando decidió separarse? ¿Pensaba realmente en Sicomoro y menospreció el daño que atravesar una separación supondría? ¿O pensaba en sí, en mantener su nombre limpio sin dejar de vivir su aventura?

Decir u ocultar

Quizá más que preguntarnos cuál es la decisión correcta tendríamos que preguntarnos qué es lo más compasivo y constructivo.

He sabido de no pocas oportunidades en las que el reclamo de quien había descubierto una infidelidad hacia su pareja era algo así como:

—¡Aprende a ocultar mejor! No puedes tener estos descuidos. No me hagas partícipe a la fuerza.

No digo que el ocultamiento, y menos aún las mentiras, sean siempre el camino a seguir en estas ocasiones ni que sean inocuos. Sin embargo, tampoco podemos ser ciegos a todo lo que está en juego en estas situaciones ni al daño que podemos causar como para lanzarnos sin más a revelar cualquier verdad en nombre de una supuesta virtud.

Lo mismo vale para todos los detalles que quien ha sido engañado demanda saber, en ocasiones, luego de que el engaño se ha revelado. ¿Me hará bien conocer los pormenores de tu aventura, por más escabrosos que sean? ¿Quiero saber de ello porque pueden ayudarnos a pensar nuestra pareja? ¿O sólo quiero incomodarte un poco? Debemos ser cuidadosos, todos esos detalles pueden retornar luego, incrementando nuestro dolor y produciendo más ira y sed de venganza.

La ruptura de nuestro acuerdo, explícito o tácito, constituye como dijimos una indudable falta moral. Y suponen un profundo dolor. Sin embargo, hasta que logremos generar un clima de apertura hacia ciertas verdades incómodas (tanto en nuestra pareja como en el conjunto de la sociedad), quizá debiéramos también ser compasivos y comprensivos con nuestro compañero o con nosotros mismos, teniendo en cuenta que la otra opción podría implicar, potencialmente, perderlo todo.

CAPÍTULO 14

La vergüenza del engañado

El último dolor que genera la infidelidad proviene de fuera de la pareja en sí misma. Es, más bien, una cuestión social pero no por ello golpea con menos fuerza. **De modo injusto, pero no menos invariable, la sociedad sanciona el ser engañado como una deshonra.**

El desprecio y la culpabilización que el engañado siente parecen reflejarse y multiplicarse en la mirada de los demás y tomar cuerpo en sus comentarios. Todos estos significados se aglomeran en una palabra que acaba por resultar aborrecible. Quien la porta parece llevar consigo, a donde vaya, el signo de la vergüenza:

—Cornudo, cornuda.

Jacarandá se había separado hacía ya veinte años. Recordaba todavía con dolor el descubrimiento de la infidelidad de Sequoia con alguien de la oficina en la que ambos trabajaban.

Jacarandá había descubierto el affaire de Sequoia y, al mismo tiempo, que gran parte de la oficina lo sabía.

La separación se había desencadenado rápidamente y sin titubeos. Casi en piloto automático. Como si Jacarandá pensara "es lo que hay que hacer".

Aquella separación había tenido consecuencias muy severas para Jacarandá. Sentía que se había perdido gran parte del crecimiento de sus hijos. Vivir en soledad una buena porción del tiempo le había sido muy arduo y rearmar pareja, realmente difícil.

Alguna vez comentó, con dolor:

—Yo hubiera querido seguir con Sequoia. Yo hubiera querido perdonar. Pero no podía: todo el mundo en el trabajo lo sabía... ¿con qué cara podría volver a mirarlos?

No seamos tan rápidos de juzgar como debilidad la decisión de Jacarandá. La condena social que pesa sobre quien ha sido engañado es tremenda. "Castigar" al infiel con la separación parece ser el único modo de recobrar el honor perdido.

Por todos lados surgen voces que señalan en el mismo sentido, sin ningún miramiento, piedad, ni atención a las particularidades del caso:

—¿Te engañó? ¡Es una porquería! Sepárate.

—Si me lo hiciera a mí, en dos minutos está fuera de casa.

—¿Cómo vas a perdonar una cosa así? Ten un poco de dignidad.

Sufrir un engaño constituye una vergüenza. Pareciera que quedarse luego de ello, la redoblara.

Hemos ya discutido lo injustificadas que son muchas de las razones que llevan a una pareja a separarse luego de una infidelidad. De todas, ésta es la peor. Que alguien, como le ocurrió a

Jacarandá, termine viéndose empujado a una separación que no desea para evitar el escarnio al que lo someterían un montón de energúmenos, me crispa los nervios.

Y, sin embargo, es entendible. Entendible y frecuente.

Vale la pena por ello identificar los pilares sobre los que se sostiene esta supuesta indignidad, para derrumbarlos. En mi opinión, son tres.

El primero es la mezquina motivación de aquellos que se autorizan a emitir estos juicios terminantes como forma de alejar de ellos la posibilidad de que les suceda. Condenarlo es un modo de expulsarlo. El castigo arquetípico frente a la deshonra es el destierro: un modo de salvaguardar el honor de la comunidad renegando de la pertenencia del indigno a ella. Eso es lo que buscan estos nefastos personajes. Tanto, que en ocasiones consiguen convencer a alguien de que separarse (y si es odiando mejor) es el único modo de recuperar la dignidad perdida.

El segundo pilar opresor es la propia idea del afectado que se señala a sí mismo acusatoriamente porque ya ha internalizado estas voces condenatorias. Es un discurso que nos seduce con facilidad. Nos hipnotiza con palabras brillosas como honor y dignidad. Pero, a fin de cuentas, ¿qué son el honor y la dignidad? ¿No son acaso modos refinados de referirse al "qué dirán"?

He escuchado muchas veces decir:

—A mí no me preocupa lo que los otros piensen. Lo que me importa es lo que yo piense de mí. Ése es el honor que quiero.

Las intenciones son buenas. Pero, como diría el almirante Ackbar: ¡es una trampa! Cuando piensas en el honor, los lentes con los que te miras son los de otros. Te juzgas con ideales ajenos. Es algo de lo que es mejor desembarazarse lo antes posible.

Palma ha decidido consentir la relación paralela de su pareja. Me cuenta que a menudo le dicen:
—¿Es que no tienes dignidad?
Palma responde:
—Lamentablemente todavía me queda un poco. Pero no te preocupes, ya terminaré de perderla. Dejo un poco en el consultorio de mi terapeuta cada vez que voy.

El tercer pilar de la vergüenza del engañado es un supuesto que no, por absurdo, deja de estar bastante extendido y que reza así:

—Soy un imbécil porque no me di cuenta.

La premisa, tan romántica como falsa, es la que asegura que el vínculo de pareja confiere algunos poderes adivinatorios o de videncia:

—Si tu pareja te es infiel, se nota.
—Si miras a los ojos de tu pareja, verás las verdades de su alma.

De ningún modo, si miras los ojos del otro con suerte puedes ver si tiene conjuntivitis. Es posible que, en algunos casos, quien comete una infidelidad esté culposo o asustado y termine por delatarse, pero no podemos hacer de esto una generalidad.

Tampoco puede pensarse que siempre hay indicadores o que pueden diseñarse decálogos para identificar cuándo tu pareja te es infiel.

Hay infinidad de affaires, de aventuras y de amantes de las que los engañados nunca se enteran ni se enterarán. Quizá sean incluso la mayoría. Relaciones paralelas, rápidos revolcones o palpitantes conversaciones que quedan entre los que los han compartido y nunca salen de allí.

Me dirán que no es posible. Que siempre algo se filtra, que no se puede separar tanto una cosa de la otra.

—Si alguien no se da cuenta es porque no quiere verlo —sentenciarán con aire doctoral.

Se equivocan: si alguien no lo ve se debe, las más de las veces, a que lo que sucede es invisible, está oculto o disfrazado.

¿Por qué debería intuirlo si no hay indicios que al engañado le hagan siquiera dudar? Ninguna respuesta titubeante ni mirada esquiva. Ningún renacer sexual y alejamiento afectivo ni viceversa. Ningún regalo culposo, corte de pelo sorpresivo ni dieta rejuvenecedora. Nada.

Nos aterra pensarlo así. Queremos creer que, si nos sucede, nos daríamos cuenta. Lo más probable es que no. Cualquiera de nosotros podría ser uno de los que se engañan creyendo que no los engañan. Puedo ser uno de ellos. Nunca sabré a ciencia cierta que no lo soy. Tampoco tú.

Y no hay ninguna vergüenza en ello.

Porque sucede todo el tiempo y porque, salvo que nos la pasemos buscando y desconfiando, hurgando y hostigando, lo más probable es que así suceda.

Por eso frente a mi propia acusación:

—¡Qué idiota! ¡Cómo no me di cuenta!

Intentaría responderme:

—No eres idiota. Eres alguien que comprende que confiar es la única forma de que una pareja pueda vivir de modo soportable.

Vivir intentando detectar cualquier amago de infidelidad, para no sentirnos luego unos imbéciles, convierte la vida compartida en un martirio.

Quizá nos aferremos tanto a la idea de que si nuestra pareja nos fuera infiel lo percibiríamos, porque lo contrario pone sobre la mesa uno de los aspectos más horrorosos de la infidelidad. Ese que dice:

—Estás fuera de esto. No tiene nada que ver contigo.

Quizás encontremos ahora, a la vuelta del camino, que muchos de los cuentos que nos contamos respecto de la infidelidad, aun con todo el mal que nos causan, por lo menos nos devuelven el lugar de protagonismo. Nos protegen de este otro mal, no menor: el de descubrir que no tenemos papel alguno en toda una parte de la vida de nuestro compañero. Porque lo cierto es que, aunque seamos pareja, aunque estemos casados y tengamos hijos, aunque convivamos en la misma casa y durmamos en la misma cama, **no compartimos** *la vida*, **compartimos nada más y nada menos, que** *una parte* **de nuestra vida.**

Por todo esto, estoy convencido de que no hay vergüenza alguna en haber sido engañado. Tampoco la hay en perdonar o consentir una infidelidad si ésa es nuestra decisión. Por el contrario, muchas veces esto es muestra de una valentía admirable, un acto de amor absoluto que debería ostentarse con orgullo.

Si a alguno o alguna todavía lo persigue la imagen del cornudo o la cornuda le sugiero que recuerde a Cornamenta. Cornamenta es el *patronus* de Harry Potter.[1] Una entidad mágica en forma de un espléndido venado plateado que, con sus frondosos cuernos, ahuyenta a los dementores, los espíritus que se alimentan del miedo.

¿Quién dice que en los cuernos no puede encontrarse la mayor fortaleza? ¿Quién dice que al atravesar eso mismo que nos avergüenza no podemos emerger bellos y radiantes, capaces de ahuyentar nuestros más fieros demonios?

CAPÍTULO 15

En carne propia

Aun cuando acuerden conmigo, enfrentar la infidelidad, sea como sombra o como hecho, es muy difícil. Incluso para mí, que he escrito todo esto y lo sostengo, es muy difícil. ¿Estaré a la altura de lo que propongo? ¿Podría yo soportar, sin desmoronarme, una infidelidad de mi esposa?

No estoy seguro. Pienso que, posiblemente, aun no he llegado a alcanzar los altos ideales que este libro propone. Eso no quiere decir, sin embargo, que no esté convencido de que son valiosos y que indican hacia dónde debería y hacia dónde intento ir.

Algunas veces imagino cómo reaccionaría frente al descubrimiento de una infidelidad... No lo sé, por supuesto, porque nadie puede tener certeza de cómo lidiará con situaciones emocionalmente demandantes como ésa. Puedo contarte, sí, cómo quisiera reaccionar. Y ello sin ponerme excesivamente idealista, una reacción deseable y aun así posible. Así es como lo imagino:

> *Estoy en mi casa solo, por alguna rara conjugación de factores. Tal vez ese día empiezo mi actividad en el consultorio más tarde de lo habitual, los niños están en el colegio y mi esposa ha salido a hacer alguna diligencia. El caso es que abro la computadora de la casa para ponerme a*

trabajar en algún texto o para enviar algún mail... Cuando miro la pantalla veo que se abre un texto que no reconozco. Leo un par de palabras sueltas para ubicar de qué se trata y comprendo, con una mezcla de asombro, angustia y culpa, que estoy en la bandeja de mail de mi esposa y que el texto que leo va dirigido a otro hombre.

Me digo que debo cerrar de inmediato la ventana y apartarme de la computadora, pero no logro hacerlo de inmediato. La curiosidad, el miedo, la morbosidad me ganan la pelea por un par de segundos y todavía llego a leer algunas frases sueltas más antes de conseguir forzarme a mí mismo a cerrar el mail. Cuando lo hago siento un alivio inmediato. Luego me echo hacia atrás impactado por lo que acabo de descubrir.

Aun cuando no me he entregado a leer el mail, aun cuando he conseguido retirarme con bastante premura, no he sido lo suficientemente rápido. Lo que he alcanzado a ver basta para llegar a una conclusión inequívoca: mi esposa tiene una aventura con otro hombre. Me pregunto si es posible que me esté equivocando, que haya interpretado mal, quizás es un mail de otra persona o de otro tiempo... pero no. No puedo engañarme. Siento ganas de llorar.

Vuelvo a abrir la computadora para asegurarme de que la bandeja de mi esposa está cerrada y luego la apago. Una vez que la pantalla se ha puesto negra, agarro las llaves de casa y salgo. ¿Adónde voy? No sé. Camino por mi barrio. Pienso. Intento apartar de mi mente la revisión de las múltiples situaciones en las que, ahora comprendo, ella podría estar con él. No tiene importancia, me digo.

Hay algo sobre lo que no tengo dudas. No quiero separarme. Dejar mi casa, mis hijos, dejarla a ella. La amo. Y sé que ella me ama. No puedo pensar que lo que hemos vivido y sentido juntos era una mentira. No lo es. Puede que no sea toda la verdad, pero la transgresión de ella no borra lo que hay entre nosotros. Me pregunto qué la movió a ello. Me pregunto si debería preguntarme eso, si me incumbe...

Por la noche, hablo con ella. Le cuento lo que me sucedió. Le pido disculpas. Le digo que no fue mi intención hurgar en sus cosas, que fue un accidente. Le digo que creo que fue descuidada, que no debería haber dejado eso abierto. Le pido que, de ahora en adelante, me cuide más. Le pregunto si usa preservativos. Ella se queda en silencio, es duro hablar abiertamente de estas cosas. Finalmente dice que sí. Confío en ella. Sé que no haría algo que me lastimara directamente. Le digo que, más allá de que siga o no con esa relación, si ella cree que hay algo que nuestra pareja no le está dando, me gustaría saberlo. Que lo piense. Tal vez tengamos que trabajar en eso. Le digo que por ahora no quiero hablar más. Estoy triste y lidiar con esto de esta manera es arduo. Le doy un beso en la frente y le digo que la amo. Ella me dice que ella también.

—Lo sé —le digo.

TERCERA PARTE

Después

CAPÍTULO 16

Decidir y reparar

Pareciera que, luego de que la crisis desencadenada por el descubrimiento de la infidelidad ha pasado, se impone respondernos una pregunta. *La* pregunta:

—¿Seguimos juntos o nos separamos?

Como ya dije, la respuesta no es automática. No siempre será mejor separarse.

Pero lo más probable es que, como mínimo, nos lo preguntemos. Establecimos ya que ni el hecho de que haya una infidelidad ni lo que haya sucedido allí hablan necesariamente de la calidad de la pareja primaria. Aun así, las dudas, interrogantes y cuestionamientos que la infidelidad pone sobre la mesa son, casi siempre, suficientemente importantes como para que la interrogante aparezca.

La pregunta incumbe a ambos integrantes de la pareja pero recae más que nada sobre quien ha sido engañado. Quien se ha embarcado en la infidelidad ya ha mostrado sus intenciones de continuar con la pareja primaria puesto que, como observamos, no la ha abandonado. Por el contrario, en general se ha ocupado bastante de intentar no perderla (aunque también haya intentado no perder la otra). Además, para él o para ella, no hay información nueva... ¿Por qué sería necesario un nuevo planteamiento?

Ahora bien, ¿qué parámetros habremos de considerar para tomar esta decisión? ¿Qué cuestiones sería conveniente tener en cuenta?

Lo que decidamos dependerá, en su mayor parte, de la respuesta que nos demos a aquella pregunta que planteamos en el capítulo 4: ¿Qué pesa más: la infidelidad o lo bueno que tenemos juntos?

¿Qué pesa más?

Hemos dedicado buena parte del libro a revisar muchos de nuestros valores y prejuicios, precisamente, para poder hacernos esta pregunta. Pues bien, aquí estamos ahora y ha llegado del momento de hacérnosla.

Es una cuestión tremendamente personal y no creo poder dar una guía acabada para resolverla. Sin embargo, algunas de las ideas que hemos modelado hasta aquí podrán orientarnos. Para comenzar, toda la disquisición debe hacerse, a mi entender, sin perder de vista este marco:

No fuimos, somos, ni seremos únicos en los deseos de nadie.

No lo éramos para nuestro compañero o compañera tampoco antes de que existiera la infidelidad. No lo fuimos para ninguna de las personas con las que hemos tenido un vínculo romántico ni lo seremos en los de aquellas con las que podríamos tenerlo en el futuro.

Era una ilusión de la que fuimos despertados.

Si nos separamos empujados por el dolor de esta comprobación o con la esperanza de encontrar fidelidad de intención en otro u otra, es probable que terminemos equivocando el rumbo.

Establecido este encuadre, vayamos a la pregunta en sí. La imagen de la balanza, aunque un poco simplista, nos servirá de esquema.

¿Qué habremos de poner en el platillo que inclina hacia "seguir juntos"?

Dijimos desde un comienzo que aquí están todas las cosas externas que una pareja de cierto tiempo ha construido: familia, hijos, casa, hogar, economía, rutinas...

No puede caber duda alguna de la importancia enorme de estas cuestiones ni de que la separación las afecta necesariamente. Quienes sostienen con liviandad que "se separa la pareja pero no la familia" o nunca han visto de cerca una separación o quieren sostener un ideal desoyendo la realidad. No digo que una familia no pueda seguir funcionando como tal luego de una separación; digo que siempre, aun en los casos más civilizados, se pierden cosas. Y si hay hijos pequeños, mucho más.

Además de todos estos valores, debemos agregar en la balanza los muchos aspectos satisfactorios de la pareja en sí.

Recordemos que no debemos caer en la tentación simplista de concluir: "Todo fue una mentira".

Habrá que poner en la balanza el amor que sigue allí. El que sentimos y el que sienten por nosotros. No debemos menospreciar tampoco otros sentimientos valiosos que la infidelidad no anula: compañerismo, complicidad, apoyo... incluso atracción física.

¿Y qué habremos de poner del otro lado, del que inclina la balanza hacia "separarnos"?

Es tentador poner aquí todo el dolor que la infidelidad ha causado. Pero tengamos en cuenta que, de los cuatro dolores que hemos discutido (el desamor, la desvalorización, la mentira y la vergüenza), sólo el último se repara con la separación (e incluso éste no de la mejor manera). Los otros nos acompañarán nos separemos o sigamos juntos, y habremos de sanarlos por otras vías.

La tarea de reparación de estos dolores incluye algunos trabajos que debemos hacer en pareja y otros que son profundamente personales.

—Siempre voy a agradecerle a Limonero —dice Algarrobo.

Algarrobo había nacido en una familia humilde. Su padre había abandonado el hogar bien pronto y Algarrobo había asumido, desde entonces, la labor de ayudar a su madre. Cuidaba a sus hermanos y trabajaba, en lo que pudiera conseguir, para aportar al hogar. Todo ello dejaba tiempo para poco más y tuvo que dejar los estudios.

Se enamoró de Lavanda siendo bastante joven. Lavanda provenía de un entorno diferente y de una familia constituida. Se hicieron novios y, tiempo después, se casaron. Casarse con Lavanda había significado para Algarrobo dejar aquel mundo de carencias y, más aún, de incertidumbre en el que había vivido todos aquellos años.

Además del amor que los unía, Algarrobo sentía hacia Lavanda una profunda gratitud por ser quien le había permitido "salir del barro". Siguieron años de prosperidad familiar: llegaron los hijos y una mayor estabilidad.

Cuando habían pasado ya algunos años de casados, Algarrobo descubrió que Lavanda tenía una relación secreta desde unos meses atrás. Se trataba de alguien llamado

Limonero. El mundo de Algarrobo se hizo trizas. Desde que se habían casado su vida había comenzado a girar alrededor de Lavanda y la familia. ¿Cómo continuar ahora?

Fue a un parque y se sentó allí. Pensó y pensó.

Cuando dejó el parque lo hizo con una convicción: fue directamente a anotarse para terminar la educación secundaria.

No se alejaría de los niños ni se separaría de Lavanda. Cursó la secundaria por la noche, para no quitarle tiempo a la familia. A la secundaria siguió la preparatoria, que le permitió trabajar por su cuenta, lo que hizo de modo muy dedicado. Luego siguieron cursos de perfeccionamiento y otros, que hacía sólo por el gusto de aprender.

Este camino de crecimiento personal, jamás se detendría. Algarrobo continúa labrándolo, hasta el día de hoy.

—Lavanda nunca lo sabrá —dice con una media sonrisa—. Jamás se lo diré. Pero, en verdad... ¡gracias, Limonero!

Por supuesto, no creo que sufrir la infidelidad de nuestra pareja sea algo para festejar. Pero lo destacable es lo que Algarrobo pudo hacer con ello. Comprendió que, durante demasiado tiempo, había puesto a Lavanda en el centro de su vida y que había hecho pasar toda valoración por sus opiniones. Si se sentía "poco valorable" no era a Lavanda a quien había que demandarle que reparara eso. Tenía que tomarlo en sus propias manos. Así lo hizo y convirtió este evento potencialmente letal en el comienzo de algo nuevo.

La mayoría de las veces, la separación no es la mejor respuesta para calmar los dolores que la infidelidad produce. Puede llegar a ser **más una reacción que una decisión** y eso es algo con lo que debemos tener cuidado.

Alguien puede decidir separarse porque, por ejemplo, el engaño le ha dejado tanto rencor que no puede soportar tener cerca al "causante". Lo comprendo, pero no puedo dejar de pensar que no es una razón del todo buena y que, por más que se separe, ese rencor quedará guardado en algún lugar. Lo ha apartado, digamos, de la vía principal pero, lo más seguro, es que vuelva a cruzarse con ese sentimiento una y otra vez.

Sí cabe poner en la balanza lo que la infidelidad ha revelado respecto de nuestra pareja. ¿Había acaso distancias?, ¿incomunicaciones?, ¿antiguos rencores?, ¿necesidades que uno u otro no estaban pudiendo satisfacer? Como ya hemos dicho, no siempre encontraremos, detrás de una infidelidad, un problema en la pareja, pero siempre tendremos que hacer el trabajo de preguntarnos por ello. Incluso es posible que los problemas que encontremos en nuestra evaluación no sean los que han movilizado la infidelidad, pero aun así tendremos que sopesarlos a la hora de decidir si seguiremos juntos, o no. Luego de identificar lo que no funciona del todo bien tendremos que preguntarnos si podremos trabajar sobre ello o si son cuestiones que pensamos ya inevitables.

También habremos de poner en la balanza los modos de la infidelidad. ¿Me cuidó mi pareja mientras duraba la infidelidad o no lo hizo? ¿Fue cruel? ¿Se involucró con quien era demasiado cercano o en circunstancias en las que inevitablemente yo saldría perjudicado? O aun peor: ¿hizo cosas dirigidas a lastimarme? ¿Me privó de recursos que hubieran sido necesarios? ¿Estaba conmigo y con la otra persona, o sería más preciso decir que estaba sólo allí, que conmigo era sólo una sombra?

Del balance de todas estas cuestiones emergerá la decisión de separarnos o de seguir juntos. Sin embargo, que sepamos hacia dónde nos proponemos ir no alcanza para concluir que podamos hacerlo. O, al menos, que podamos hacerlo bien.

No se trata sólo de definir si seguimos juntos o si nos separamos, sino del modo en que lo haremos. Cualquiera de las dos opciones podría terminar resultando un infierno si no encontramos un modo de elaborar lo que ha sucedido y de gestionar nuestras emociones al respecto.

Separarse bien

Si aun después de considerar y sopesar nuestras opciones decidimos, pese a todo, separarnos, habremos de estar atentos a los modos de esa separación. Que no vayamos a seguir juntos, no nos habilita a entregarnos al rencor y al odio.

Dejar una relación sintiendo que aquel con quien tanto compartimos era, finalmente, "una persona despreciable" nos hará sentir que, además del vínculo, hemos perdido también el tiempo. Todos los días, meses y años que hayamos estado juntos parecerán momentos desperdiciados, tirados a la basura.

He visto muchas veces actitudes como ésta utilizadas como herramientas para defenderse del dolor:

—Al fin y al cabo, no pierdo gran cosa porque allí no había mucho de valor.

Una vez más, perder todo un periodo de nuestras vidas, con todo lo bueno que pudo haber habido, para no atravesar la pena de dejar o ser dejado, me parece un precio excesivo.

No hay ninguna razón para estar condenados a aborrecernos. Tendremos que aprender a valorar las relaciones por lo bueno que sucedió mientras duraron, más allá de que terminasen antes de la muerte de alguno de los dos.

Cuando la decisión de separarse es la consecuencia de una infidelidad es crucial recordar que nuestro compañero o compañera no necesariamente es un villano.

Esto es especialmente importante cuando hay hijos en común. Aun separados tendremos que seguir tomando una enorme cantidad de decisiones en conjunto. Llevar adelante esa tarea con odio o rencores de por medio es muy complicado y, más relevante aun, ineficiente: no se llega a las mejores decisiones para los hijos.

No es infrecuente que, en estos casos, quien fue engañado se autorice a hacer demandas y exigencias desmesuradas; a plantear desigualdades en los términos de la separación o de cualquier otro acuerdo, amparados abiertamente, o no, en la culpa de quien ha sido infiel.

Aquellos que se encuentren frente a estas demandas tendrán que estar atentos para rechazarlas. Que haya existido una falta moral no implica que alguien pierda todos sus otros derechos ni que deba someterse a cualquier injusticia:

—*No quiero que te lleves a la niña de vacaciones tantos días.*

    —*¿Hay algún problema?*

    —*No. Es sólo que voy a extrañarla.*

    —*Sí, lo comprendo. Yo también la extrañé cuando se fue contigo.*

    —*Bueno, pero no es por mi culpa que tenga que ser así.*

    —*¿Qué quieres decir?*

    —*Eres tú quien causó toda esta situación... ¿por qué debo sufrirla yo?*

Tal vez, a este planteamiento, se podría responder:

—*Porque, de otro modo, la que lo sufrirá será la niña.*

No creo exagerar si digo que en estas cuestiones se juega, muchas veces, la calidad de la vida que llevarán muchos niños y jóvenes que deben atravesar la separación de sus padres.

Tanto es así que, incluso si nuestro nuevo ex ha sido en efecto malvado o desconsiderado con nosotros, debemos buscar el modo de seguir "trabajando" juntos en función de los hijos que compartimos. Que alguien haya sido un mal marido o una mala esposa no significa que sea un mal padre o una mala madre. Dar un voto de confianza en estos momentos iniciales, tener la generosidad de no usar las fallas del otro en su contra, mostrar afecto y consideración cuando el otro menos se lo espera o menos se lo merece, tal vez pueda hacer que la relación se establezca en patrones de afecto o, cuando menos, de cordialidad.

Alguien que ha sido engañado puede adoptar una postura intransigente y decir:

—Me has sido infiel. No lo consiento. Para mí la infidelidad es terminal. La verdad es que no quiero estar en pareja con alguien que puede hacer eso. Nos separaremos.

Pero debería encontrar la oportunidad para agregar:

—Comprendo que tú tienes otros valores, pero yo no puedo ir más allá de los míos.

Una postura como ésta facilita llevar adelante una separación en buenos términos y hace posible que, luego, la vida de separados sea más amorosa. **La decisión de separarnos no nos exime de hacer los trabajos de reparación que el víncu- lo necesita.**

Siguiendo juntos

Si, luego de nuestra evaluación, miramos nuestra balanza y en- contramos que todo lo que hemos compartido hasta aquí y todo lo que aún podemos compartir, pesa más que lo que la infideli- dad ha dejado... nos tocará entonces emprender la tarea com- partida de encontrar un nuevo orden.

Las cosas ya no podrán "volver a ser como eran" porque nuestro vínculo necesariamente se habrá transformado.

En ocasiones la tarea parece titánica. La infidelidad ha sido como un pequeño tsunami y ha puesto todo patas arriba. Aho- ra que el agua se ha retirado nos toca volver a poner orden. Cosa por cosa tendremos que descartar lo que ya no sirve, enmendar lo que se ha roto y encontrarle a muchas cosas un nuevo lugar.

Algunos podrán sentir que toda la cuestión es innecesaria e, incluso, contraproducente:

—¿Qué sentido tiene seguir dándole vueltas al asunto?

—¿Para qué volvemos a hablar de ello? Justo ahora que fi- nalmente conseguimos algo de calma...

Es tentador hacernos un poco los tontos y decir sencilla- mente:

—Ya pasó.

Tarde o temprano, sin embargo, comprendemos que no podemos ignorar la cuestión porque, para hacerlo, tendríamos que clausurar toda un área de nuestro vínculo. Habría temas que no podríamos discutir, recuerdos que no deberíamos tocar, actividades que nos forzaríamos a evitar. Nuestra relación se empequeñecería.

Se hace necesario abordar el trabajo de reparación.

El perdón

Para muchas personas el proceso comienza con el perdón (o, al menos, lo necesita en algún momento). Para otras, en cambio, la necesidad de perdonar o de ser perdonado no constituye ni siquiera un tema. Estas personas nunca llegan a pensarlo en términos de ofensa y perdón. Consideran que el episodio es más bien algo que sucedió, no algo que me hiciste o te hice (aunque no por ello deja de ser doloroso...).

> *Dice Lagunaria:*
> *—Por momentos me da angustia... O de repente siento rabia cuando los imagino juntos... pero me doy cuenta de que es mi ego el que habla...*

Quienes puedan adoptar una postura como ésta se alejarán de las dicotomías de ofensor y ofendido, perpetrador y víctima y especialmente de la de bueno y malo. Podrán escucharse verdaderamente con mayor facilidad, dejando de lado estos estereotipos.

Quienes no lo consigan tendrán que atravesar el camino más laborioso del perdón si es que quieren seguir juntos de un modo sano.

De inmediato surgen preguntas:

¿Es siempre deseable perdonar?
¿Es siempre posible?

Las respuestas dependerán de cómo definamos perdonar. Si, por ejemplo, concordáramos con Jorge Luis Borges y sostuviéramos que *el único perdón es el olvido*, entonces creo que habría que decir que no siempre es posible perdonar y que tampoco sería siempre deseable.

Si bien disiento con el maestro Borges y estoy convencido de que perdonar no implica olvidar, vale desconfiar de aquel que, luego de haber sufrido una infidelidad anuncia a viva voz:

—He perdonado. Pero no lo olvido.

Lo más probable es que no olvide ni perdone. Porque la aclaración es tan innecesaria que lo que esta persona está diciendo es algo así como:

—No lo olvido *nunca*. Lo tengo siempre presente, siempre lo tendré y, además, quiero que lo sepas.

Perdonar no equivale a hacer de cuenta que "aquí no ha pasado nada". Perdonar consiste en dar por cancelada una deuda.

La ruptura de cualquier acuerdo entre personas genera una especie de "deuda". **Perdonar es, pues, renunciar a cobrarme lo que podrías deberme por la ofensa que cometiste en mi contra.**

En el caso de la infidelidad implica dejar de exigir que seas tú quien pague el dolor que estoy pasando. Te he perdonado:

no pretendo compensaciones especiales para mí, ni deseo que sientas un dolor equivalente al que siento yo.

Cuando logro, de un modo u otro, hacer este movimiento y borrar tu deuda, entonces sucede algo sorprendente. Mi enojo se diluye. Ése es, de hecho, el modo en que experimentamos el perdón en nuestra vida cotidiana:

—Oye, no te enojes... ¡Perdóname!
—Bueno, bueno... te perdono —decimos al tiempo que, seguramente se afloja nuestra tensión.

Perdonar la infidelidad de quien ha engañado no es sólo deseable sino imprescindible si queremos continuar juntos. No hay pareja sana posible si hay una deuda pendiente entre ellos.

Que quien ha sido infiel reconozca esta deuda puede ser el primer paso, pero no es suficiente. Si la cuestión queda allí, comenzará pronto a sentir que su compañero se transforma en una especie de acreedor. Y a nadie le gusta pasar tiempo con sus acreedores. Como dijo alguna vez un conocido mío: en todo caso prefieres a tus inversionistas.

La imagen es acertada. Si quien ha engañado tiene que poner de sí para reparar la relación es infinitamente mejor que lo haga desde una posición de inversor (alguien que pone en un proyecto porque le interesa y porque sabe que, al final, él también sacará provecho de eso) a que lo haga desde una postura de deudor (alguien que pone sólo para equiparar las cuentas y evitar así los reclamos del otro).

El rol que quien fue infiel debe jugar en el desarrollo de un genuino perdón no es el de bajar la cabeza con vergüenza y decir:

—Me arrepiento de lo que hice. No lo volveré a hacer.

No seamos, ni unos ni otros, tan ingenuos.

Él o ella tendrá que acometer la demandante tarea de diferenciar lo que su aventura o relación paralela significó para sí (que, como dijimos, muchas veces puede ser algo muy valioso) de lo que terminó por causar en su pareja.

Desde esa comprensión tal vez pueda llegar a decir algo como:

—Lamento haber hecho algo que te lastimó.

Esta pena por el dolor de nuestro compañero me parece mucho más valiosa que la culpa, que se deriva de haber hecho algo malo o errado, y que la vergüenza, que proviene de haber sido descubierto en algo indigno.

Ni la culpa ni la vergüenza, en las que en ocasiones se centran los arrepentidos, son constructivas. Tienen tufillo a excusa, a intento de disimular los manchones para ganarse un rápido y a veces superfluo perdón.

Lo que verdaderamente importa es comprendernos el uno al otro.

El gran desafío

Una tarea esencial en este momento no está dirigida tanto a reparar como a fortalecer nuestra pareja. Consiste en "traer" al vínculo algo de lo que aquel que fue infiel buscaba en su relación paralela o en sus encuentros clandestinos.

Dijimos ya repetidas veces que no siempre lo que alguien

encontraba "fuera" habla de algo que faltaba en la pareja. Pero en ocasiones sí hay algo que podemos intentar incluir, de ahora en adelante, en nuestra relación.

En ocasiones esto puede resultar difícil porque, de algún modo, se trata de aprender algo de esa otra relación y nuestro orgullo con frecuencia no nos lo permite.

—¿Cómo voy yo a aprender de ése, de ésa?

Lo que mejoraría nuestra relación deteriora nuestra autoestima y por eso lo descartamos y aun denigramos. Quizá la tarea nos sea un poco más sencilla si, en lugar de tomar algo del otro o de la otra, comprendiéramos que estamos tomando algo de lo que sucedía en ese espacio. Como ya dijimos, muchísimas veces es el contexto (y no la persona) lo que permite que ciertas cuestiones se manifiesten más fácilmente ahí que en nuestra relación.

El desafío es tratar de reproducir entre nosotros ese contexto por fuera de la rutina. Aunque resulte en principio algo artificial será eventualmente provechoso para la pareja.

La información necesaria para crear estas condiciones está, como es lógico, en manos de quien ha sido infiel. Es él o ella entonces quien deberá identificar qué encontró en esas otras relaciones para luego diseñar junto a su pareja modos de intentar generarlo en la relación primaria y hasta hacerlo crecer.

No siempre es fácil compartir esos descubrimientos. Tal puede ser el caso de una determinada práctica sexual porque podría significar imponerle una imagen demasiado vívida de mí con el otro o la otra. Creo que no es necesario. Bastaría con esperar algún momento propicio para hacer la propuesta: "Me gustaría que hagamos esto, o aquello...".

Lo mismo puede valer para otro tipo de necesidades. Ser escuchado o escuchada, admirado o admirada, necesitado o necesitada... Quien fue infiel tendrá que hacer el trabajo de demarcar estas cuestiones para luego preguntarse si puede llevarlas a la pareja y, en todo caso, cómo hacerlo.

No todo es, por supuesto, transferible. Hay particularidades de una u otra persona que no pueden aislarse o que, simplemente, nuestro compañero no puede desarrollar. Pero quizás, aun en esos casos, podamos intentar incluir algo de eso en nuestra pareja. Comunicar, por ejemplo, ese gusto como una fantasía puede ya tener algún efecto para que eso no quede completamente afuera.

Ésta no es una estrategia misteriosa y puede parecer incluso obvia. Tampoco es infalible ni suficiente (si lo fuera, la infidelidad no resultaría tantas veces tan atractiva)... Pero no debemos, por todo ello, subestimarla. Bien utilizada, puede ser una herramienta poderosa para enriquecer nuestra pareja.

Utilizar los beneficios

El descubrimiento de una infidelidad produce, en ocasiones, algunos cambios beneficiosos que podemos usar en nuestro favor para fortalecer la relación.

Si no hacemos nada, estos cambios tienden a ser temporales y revertir al estado de predescubrimiento luego de algunas semanas. Pero si tomamos cartas en el asunto quizá podemos sacar de estas situaciones un provecho duradero. Los cambios benéficos más frecuentes son dos: una disposición a tener conversaciones quizá más honestas que las que nunca hemos tenido y un relanzamiento del deseo sexual sólo comparable, muchas veces, al que sentimos en el momento en que nos co-nocimos.

En cuanto a las charlas, lo que sucede es evidente. Ya no tenemos nada que perder. Nuestros secretos más celosamente guardados han salido a la luz. Todo lo demás es, comparativa-mente, poca cosa, de modo que podemos hablar con completa sinceridad.

En las conversaciones que siguen a una revelación, a menu-do se comparten cosas que se han silenciado por años o, inclu-so, que uno u otro nunca se atrevieron a decir. Es una situación para aprovechar. Demasiadas veces el que seas mi pareja me im-pide que te vea como persona independiente más allá de mí. Es-tas charlas "al borde del abismo" pueden despertarnos de nuevo la compasión y el amor por nuestro compañero y brindarnos in-formación importante sobre la cual construir nuevos pactos y maneras.

En cuanto a la renovada pasión sexual, es un punto que suele sorprender a ambos integrantes de la pareja... Cuando se supone que deberíamos estar más distantes, sucede todo lo contrario. Al menos en ese aspecto. ¿Qué sucede aquí? Algunos sostienen que lo que moviliza es el miedo a perder al otro. No es-toy tan seguro. Creo más bien que lo que enciende de nuevo la atracción es que volvemos a ver a nuestra pareja como alguien sexual, más allá de nosotros. Ha dejado de ser tan familiar. Pue-de desear a otros y ser deseado por otros. Es independiente de mí. Lo veo un poco "desde lejos", como si yo fuera un observa-dor, y él o ella, un desconocido.

Además de aprovechar y disfrutar de tantos de estos en-cuentros profundamente satisfactorios como podamos, esto de-bería enseñarnos algo de lo que no debemos perder si queremos mantener una intensa pasión sexual entre nosotros:

DECIDIR Y REPARAR

No dar por sentado a nuestro compañero.

No reducir su sexualidad a lo que coincide con la mía.

Hacerle lugar a todo tipo de fantasías.

Jugar a verlo, aunque sea por momentos, como si apenas nos conociéramos.

Si conseguimos hacer algunas (o todas) estas cosas es posible que no necesitemos nuevas crisis para reavivar nuestro deseo e, incluso, que podamos convertirnos, nosotros mismos, en amantes de nuestra pareja.

Restaurar la confianza

Llegamos por último al que es seguramente el punto que para muchos resulta el más difícil de reparar. El quiebre de la confianza.

—¿Cómo voy a volver a confiar en ti?

La estrategia a la que con mayor frecuencia se recurre para lidiar con esta cuestión determina todo un modo, muy habitual, con el que las parejas intentan recomponer su relación tras el descubrimiento de una infidelidad.

El que ha sido engañado dice algo así como:

—Rompiste mi confianza, así que ahora tendrás que volver a ganártela. Tendrás que hacer méritos.

Y aquel que engañó acepta la condición y dice más o menos:

—Sí. Me arrepiento. De ahora en adelante me portaré bien.

La relación se convierte en un juego entre una autoridad severa y un niño arrepentido o niña arrepentida.

Quien ha sido infiel busca dar muestras de buena conducta, de ser confiable. Pero... ¿qué puede hacer? Mostrarse amable y servicial; decir siempre dónde está, con quién y a qué hora regresará... Quien ha sido engañado desconfiará, por supuesto, ¿qué clase de idiota sería si no? Pedirá pruebas... Comparará dichos con evidencias...

Se entra de esta manera en una especie de persecución policial sumamente complicada. Toda la perniciosa dinámica del control que ya hemos analizado se pone en juego y, para peor, redoblada. La situación se vuelve prontamente insoportable para ambos: tanto ser interrogado e inspeccionado como tener que interrogar e inspeccionar continuamente es agotador.

Y, para colmo, inefectivo. Porque lo que estas parejas pretenden es lo que dijimos que es imposible: volver a las condiciones previas al descubrimiento de la infidelidad. Volver a dormirse y soñar con aquella ilusión de ser únicos. Hacerse los tontos comportándose como si ignorasen lo que ahora saben. Está claro que no funciona. Una vez que se han visto los hilos que manejan las marionetas es muy difícil olvidarse del titiritero.

La restauración de la confianza tiene mucho más que ver con una decisión de aquel que fue engañado que con la presentación de evidencias o buenas acciones del que cometió la infidelidad.

—Pero si me engañó una vez puede volver a pasar —dirán.

Por supuesto... ¿pero es que acaso antes no podía pasar? ¡Claro que sí! Siempre puede pasar. La posibilidad de sufrir una infidelidad (o de cometerla) es inseparable del estar en pareja.

El desafío entonces, para aquellos que han sufrido una infidelidad y se proponen continuar con su relación primaria, es el de **confiar, no ya desde la ingenuidad, sino desde la lucidez.** Sería algo así:

—Podría pasar, por supuesto, pero creo que no.

La confianza sobre la que es fundamental basarse, mucho más allá de la de "no vas a engañarme" es:

—Confío en que no vas a lastimarme.
—Confío en que te importo y no te da lo mismo si sufro o no.
—Confío en que, hagas lo que hagas, me cuidarás.

La forma que tomen esos cuidados puede variar mucho según lo que podamos hablar y acordar. Pero ésta es la confianza esencial que una pareja debe desarrollar y sin la cual, su vida compartida será un martirio.

El trabajo de aquel que concretó la infidelidad, respecto de este punto, es el de consolar a su compañero. El de comprender y darle lugar al dolor que sus acciones produjeron aunque ésta no haya sido su intención. Mostrar su afecto, su cariño y su compasión. Estar dispuesto a hablar y, sobre todo, a escuchar.

Eso, mucho más que dar pruebas de buena conducta, es lo que ayudará a ambos a establecer la base de confianza necesaria para continuar juntos.

¿Prevenir la infidelidad?

Muchas parejas encaran todo este proceso de reparación con una sola idea en mente: "cómo hacer para que no vuelva a suceder".

Habría que estar atentos a ello, porque esa intención puede reproducir las condiciones previas de prevención, control y vigilancia que son tan dañinas para la pareja.

Que la infidelidad no se repita o no acontezca del otro lado (¿por qué no?), debería, en todo caso, ser una consecuencia colateral de este proceso y no su objetivo.

El objetivo es: que tú y yo podamos estar bien juntos.

Y, si es posible, mejor que antes.

El verdadero enemigo no es la infidelidad, es el sufrimiento que genera.

Intentar evitar la infidelidad es sólo *un* método posible para combatir ese sufrimiento. Tiene el mismo problema que cualquier otra conducta evitativa: se vive constantemente amenazado de que la situación temida se presente de imprevisto, a la vuelta de la esquina.

El otro método para lidiar con la perspectiva de la infidelidad, que en muchos aspectos me parece incluso más constructivo, es aprender a tolerarla mejor. A eso hemos dedicado gran parte del libro.

Habrá, supongo, algunos que querrán objetar:

—Es que una vez se puede perdonar... pero dos ya no...

Demasiadas veces, perdonar es un modo de decir:

—Bueno... te lo dejaré pasar por esta vez.

Si lo pensamos así y una nueva infidelidad acontece, el odio retornará redoblado, al igual que la sensación de indignidad.

La conclusión será casi inevitable:

—¡Qué idiota fui! No se merecía otra oportunidad. Volví a creer y mira cómo me pagó.

Estamos de regreso en todas aquellas ideas que hemos trabajado tan duro para intentar dejar atrás: que nuestro error fue creer y confiar... que era una mala persona... que soy un tonto o una tonta.

Incluso si una segunda infidelidad nunca acontece, es posible que la única razón sea la culpa o el miedo a ser descubierto o descubierta.

Se revela que no hemos aprendido gran cosa. Nada ha cambiado demasiado entre nosotros.

Si alguien me dijese:

—Es que el dolor de la primera vez fue insoportable. No puedo volver a pasar por lo mismo.

Yo quisiera responder:

—Si el dolor de la segunda vez es igual que el de la primera, entonces no has hecho bien el trabajo de la primera vez.

Lo que una verdadera reparación requiere, mucho más que un borrón y cuenta nueva, son nuevos (y distintos) acuerdos.

CAPÍTULO 17

Nuevos acuerdos

Si parte del problema de la infidelidad radica en que viola un acuerdo previo, es lógico pensar que una posible "solución" podría pasar por establecer otros acuerdos que resultaran más "cumplibles".

Eso valdría tanto para aquellos que desearan formar una pareja que estuviera un poco más a salvo de la amenaza de la infidelidad como para aquellos que intentaran una restauración de su pareja luego de haber atravesado un episodio de engaño.

Podría pensarse que estos nuevos acuerdos exigirían abandonar la monogamia. Sin embargo, la mayoría de nosotros no quisiéramos vernos forzados a adoptar otros modelos de vínculo romántico. Queremos seguir relacionándonos *en pareja* y, posiblemente, queremos seguir con *nuestra pareja* sin tener que sufrir a causa de la infidelidad.

Afortunadamente, **abandonar la monogamia no es necesario para lograr mejores acuerdos.**

Lo que se requiere es comprender que estar en una pareja íntima y comprometida no implica necesariamente una imposición tan feroz y categórica de la exclusividad sexual. Quizá bastaría con incluir una mínima flexibilidad respecto de este punto para que nuestra pareja funcionase mucho mejor.

¿Cuánta flexibilidad y en qué consistiría exactamente?

Eso dependerá de cada pareja.

Para la mayoría, ser más flexibles no cambiará el modelo básico de su relación. Continuarán siendo una pareja monógama y la exclusividad sexual será una pauta mayormente aceptada y esperada por ambos. En estos casos, los nuevos acuerdos quizá consistan, apenas, en una diferente valoración de ciertos aspectos.

A otras parejas, esta exploración tal vez las conduzca a nuevos modelos de relación romántica. Algunos que, sin dejar la monogamia, la reformulan, y otros que se alejan definitivamente de ella.

Para ello, por supuesto, **hay que disponerse a conversar con nuestra pareja sobre la monogamia, la fidelidad y la exclusividad.** Hacerlo no es tan fácil como suena. Proponer la cuestión para ser debatida puede despertar ya la suspicacia de nuestra pareja:

—¿Qué opinas de la monogamia? ¿Crees que siempre debe haber exclusividad sexual en una pareja?

—¡¿Estás intentando decirme algo?!

Ir más allá de estos temores y atrevernos a explorar, primero el tema en general y luego nuestra posición en particular, es de una enorme importancia. Hablar de ello abiertamente, aun cuando vuelvan a elegir los mismos acuerdos que tenían hasta allí, sin modificación alguna, establecerá una base de confianza y apertura, fundamental para la nueva etapa de la pareja.

Existen algunas posiciones alternativas respecto de la exclusividad sexual que han ido tomando forma a lo largo del tiempo. Creo que merece la pena delinear unas pocas de ellas.

Tengamos en cuenta, durante el recorrido, un par de cuestiones:

La primera es que éstos no son modelos rígidos. Una idea interesante que la brillante Esther Perel propone en su muy sólido libro *The State of Affairs*[1] es la de que la monogamia no es un cuestión binaria (blanco o negro), sino un espectro. Sobre esta escala de grises podemos movernos con libertad. Aunque es probable que muchos prefieran no alejarse demasiado de la monogamia tradicional, conocer las otras alternativas podrá darnos elementos para pensar y, tal vez, extraer de ellas algo que nos sirva.

La segunda es que cualquier modelo, por más personal que sea, está basado en acuerdos que, obviamente, pueden ser vulnerados. Si exigimos el cumplimiento de los nuevos acuerdos con la misma ferocidad que teníamos hacia los tradicionales perderemos gran parte de nuestro avance. La tolerancia y la flexibilidad son clave, más allá de cuál sea la forma que le demos a nuestra pareja.

Comenzaremos con los modelos más alejados del tradicional y nos iremos acercando a él:

El poliamor

El poliamor es un modo de relación que habilita la coexistencia de vínculos románticos con más de una persona.

Existen las Tríadas, en las que tres personas tienen un vínculo entre sí; las Ves, en las que una persona (denominada pívot) tiene una relación con otras dos; las Tétradas o Quads, en las que cuatro personas se relacionan entre sí; las Enes, en las que cada uno de los integrantes de una pareja tiene una relación colateral; y existen también redes más amplias que no tienen una forma definida sino que se van conformando de acuerdo con las múltiples relaciones de sus integrantes.

La red poliamorosa, ya sea pequeña o amplia, puede estar abierta a la inclusión de nuevos integrantes o cerrada a ello, lo que se conoce como polifidelidad. Dentro de esta red no todos los vínculos tienen necesariamente la misma forma ni el mismo alcance. Algunos pueden ser meros compañeros sexuales; otros, vínculos afectivos sostenidos en el tiempo; aun otros, matrimonios (legales o no) con convivencia e hijos de por medio. Algunas personas *poli*, distinguen una o más de sus relaciones como primaria y otras como secundarias. Para otros todas sus relaciones tienen igual jerarquía.

Las variantes, evidentemente, son infinitas. El poliamor propone que, más allá del tipo de vínculo puntual, el mismo debe ser consentido por los involucrados y (éste es el punto clave) por todos los demás relacionados. El que todas las relaciones sean conocidas y aceptadas por todos los otros integrantes de la red es un aspecto fundamental del poliamor. Tal vez el pilar central del modelo.

Es, sin dudas, una concepción interesante...

El poliamor enarbola muy bien la idea (que en este mismo libro hemos defendido) de que el amor que se tiene por una persona no va en desmedro del que se puede tener por otra y de que lo que alguien aporta a nuestra vida es valioso más allá de que existan otros que aporten cosas distintas. Abre a una enorme riqueza de relaciones amorosas aunque, según sostienen los mismos que lo practican y promulgan, al precio de una mayor complejidad y un dedicado trabajo vincular y personal.

El poliamor brinda respuestas a situaciones que, pensadas dentro de la monogamia, se presentan como un callejón sin salida. Por ejemplo: ¿qué sucede si, en una pareja, uno de ellos quiere tener sexo con una frecuencia muy superior al otro? Es indiscutible que el sexo debe ser siempre plenamente consentido, de modo que no es aceptable que el que quiere menos sea presionado ni que se fuerce a sí mismo (aunque lo hiciera: ¿qué clase de encuentros serán ésos? "Hoy hagamos la ranita desmayada" o "el fracaso del faquir"...). Tampoco creo que sea razonable pedirle al que quiere mayor frecuencia que, simplemente, se la aguante:

—Yo no quiero tener sexo así que tú tampoco puedes tenerlo.

Sin embargo, la monogamia forzaría (y fuerza) a alguna de estas dos situaciones. El poliamor abre la posibilidad de que quien quiere más sexo, lo tenga con otra persona, siempre y cuando haya acuerdo con sus compañeros respecto de los modos en que transcurrirán esos otros encuentros.

Es admirable la meticulosidad y el cuidado que quienes difunden el poliamor[2] ponen en pensar el modo de establecer vínculos que sean tan gratificantes como sea posible al tiempo que éticos (en el sentido de no hacer daño a los demás).

El poliamor, sin embargo, no es una solución al problema de la infidelidad. Dado que, precisamente, una de las premisas básicas es la del consentimiento, siempre hay espacio para la clandestinidad. Siempre hay lugar para algo que se salga de los acuerdos. Que las fronteras se hayan ensanchado no implica que no haya cosas que queden del otro lado.

Tampoco creo que el poliamor destierre las pretensiones de ser únicos que, según hemos venido diciendo, nos traen tantos problemas. Alguien que lo profese podría pensar:

—Mi pareja me ama y tiene sexo con varias personas, sí, pero yo soy especial.

La "pelea" con los terceros puede desplazarse del sexo a otras cuestiones de lo más variadas que se convierten en las nuevas marcas de unicidad o preferencia:

> *Peral tiene un vínculo romántico con Adelfa y con Níspero. Pasa la mitad de los días de la semana en una casa y la mitad en la otra. Comparte tanto con Adelfa como con Níspero diversas actividades, incluido el sexo. Níspero sabe de la existencia de Adelfa y viceversa. Aunque no se cruzan, han llegado a aceptarlo (constituyen una Ve, no una Tríada).*
>
> *Surge periódicamente, sin embargo, un problema: ¿con quién pasa Peral su cumpleaños?*

Las dificultades y reclamos que genera esta sencilla cuestión resultan sorprendentes en un ámbito en el que se ha logrado trascender tantos otros mandatos. Lo que está en juego aquí es el lugar que alguien tiene para el otro. Y eso puede ser aún más difícil de relegar que la exclusividad sexual.

Más allá de estas salvedades, el poliamor es una concepción que sin duda tiene mucho para enseñarnos independientemente de que decidamos practicarlo o no.

Relaciones abiertas

No todas las salidas de la monogamia son tan radicales como el poliamor. Algunos distinguen de este último lo que, en ocasiones, se denomina como parejas abiertas.

Una pareja tiene una relación abierta cuando mantienen un único vínculo romántico, íntimo y de acompañamiento entre sí, pero se habilitan mutuamente la posibilidad de tener encuentros sexuales con otras personas.

La estructura supone que no hay relación alguna entre un integrante de la pareja y aquel o aquella con quien su compañero se vincula (la persona a la que, en la jerga, suele denominarse: el otro significativo del otro, OSO). La pareja seguimos siendo tú y yo.

En ocasiones se acuerda una política de completa transparencia:

—Puedes hacer lo que quieras pero debes contármelo.

Otras veces, la política respecto de la revelación varía.

Suele entenderse que, en las parejas abiertas, el vínculo con terceros es exclusivamente sexual. Por supuesto, esto acarrea nuevos problemas de definición. Si antes nos preguntábamos cuándo algo comienza a ser sexual, nos encontraremos ahora con la pregunta de cuándo algo deja de serlo:

Si después de tener sexo, te quedas toda la noche durmiendo abrazado con la otra persona... ¿ha dejado de ser un mero encuentro sexual? ¿Ha entrado ya en el campo del amor?

¿Y si se ríen juntos?

¿Y si hablan de sus hijos?

Podríamos enumerar un sinfín de situaciones que nos harían dudar de si en determinada relación "hay algo más que sexo"... ¿Estarías en ese caso rompiendo nuestro pacto y siendo, entonces, infiel?

Nos encontramos nuevamente con el mismo problema. Estos nuevos acuerdos, si bien brindan una mayor libertad de movimiento, no dejan de poder ser transgredidos con todas las consecuencias que eso trae.

Tríos, swingers

Frecuentemente confundidos con algunas de las anteriores existen también parejas que acuerdan incluir terceros de una manera u otra en sus prácticas sexuales.

Aquí no hay vínculos múltiples como en el poliamor, ni sexualidad por fuera de la pareja como en las relaciones abiertas. Lo que hay son prácticas sexuales compartidas por ambos integrantes que incluyen a otros. Es algo que hacemos los dos: invitamos a alguien para hacer un trío, o hacemos un intercambio de parejas.

Estamos mucho más cerca de la monogamia tradicional que en los casos anteriores. De hecho podría argumentarse que seguimos teniendo exclusividad sexual: todo el sexo que tú tienes lo tienes conmigo y todo el sexo que yo tengo lo tengo contigo (aunque no necesariamente sea sólo conmigo o sólo contigo).

Se trata, meramente, de prácticas sexuales. Aun así, es posible que esta apertura brinde el suficiente aire como para que el constreñimiento que, en ocasiones, la monogamia estricta puede generar, cese.

Pero eso, desafortunadamente, no está garantizado:

En la película argentina *Dos más dos*,[3] las parejas de Diego y Emilia y de Richard y Betina acuerdan realizar un intercambio de parejas. Luego de las primeras experiencias, más o menos incómodas, se establece un espacio de encuentros sexuales compartidos. Al poco tiempo, sin embargo, Diego y Betina comienzan a verse solos, a escondidas. Por alguna razón, pese a que tienen sexo entre ellos con el consentimiento de sus parejas, sienten también la necesidad de tener encuentros que excluyan a los otros dos y eso está fuera del acuerdo.

Lo que resulta interesante es que esos encuentros tienen todas las características (clandestinidad, culpa, pasión) que suele haber en las aventuras. Diego y Betina tienen, a todo efecto, sexo intramatrimonial y extramatrimonial con la misma persona.

La película plantea una cuestión interesante: ¿es que deseamos algo que está prohibido?, ¿o es que lo deseamos justamente porque está prohibido?

Si este último fuera el caso, entonces los modelos alternativos no han conseguido, respecto de este punto, más que producir un nuevo campo de prohibición (más extremo, por decirlo así) pero que ejerce igual atractivo.

Casi monógamos

Justo al lado de la monogamia tradicional existe un tipo de acuerdo en el que, si bien una pareja se mantiene emocionalmente comprometida a lo largo del tiempo, compartiendo su intimidad y gran parte de su vida, dejan abierta la posibilidad de que cada uno experimente eventualmente algún tipo de sexualidad por fuera de la pareja.

Estas parejas son, en su modo de funcionamiento habitual, indistinguibles de una pareja monogámica tradicional. La única y, en algún sentido, pequeña diferencia es esta acotada permisividad. Para reflejar esta situación, el periodista y podcaster estadunidense, Dan Savage ha acuñado para este acuerdo la interesante denominación: *monogamish*.[4] Algo así como casi monógamos. Si quisiéramos retener, aunque de modo imperfecto, el juego de palabras podríamos decir que quienes adoptan esta modalidad de relación son monogámenos (un poco menos que monógamos).

La flexibilidad que este acuerdo contempla puede tomar una o varias formas distintas según cada pareja. Para algunos consiste en incluir fantasías con terceros en su actividad sexual compartida, utilizando esas historias imaginadas como estimulante erótico.

Otras parejas que podrían entrar en esta categoría son aquellas que han comprendido que la infidelidad es siempre una posibilidad pero que no quieren cambiar su acuerdo básico. Dado que la comprobación directa es demasiado dolorosa, han acordado en que, si llega a suceder, cada uno cuidará al otro de no enterarse. Un pacto que muchas veces se denomina: "No preguntes, no cuentes" o por las siglas DADT ("Don't Ask, Don't Tell").

—Si algo te pasa con otra persona —se dicen estas parejas—, pues bien... no me agrada, no lo consiento, pero lo comprendo. Eso sí, cuida de que yo no me entere.

Personalmente, creo que cabría agregar a este acuerdo: cuídame de que no me entere y cuídame de que no sufra consecuencias. No me expongas a riesgos ni me prives de tu tiempo y tu atención. No quisiera que sucediera, no quisiera que lo hicieras... pero, si vas a hacerlo, hazlo amorosamente.

En los términos que hemos discutido cuando hablamos del desamor: No seas cruel.

Otros *monogámenos* hacen acuerdos específicos y explícitos respecto de sus actividades sexuales laterales. Pueden acordar, por ejemplo, que las actividades online están permitidas o que tienen libertad para coquetear con quien lo deseen, aun estando su compañero presente. Hay parejas que se han dado "vacaciones" de su exclusividad sexual como una especie de "juego" por algunos días o de modo más duradero, movidos por ciertas circunstancias, como tener que vivir a distancia.

Estas parejas buscan adaptar el modelo de vínculo a sus necesidades y a lo que juzgan más realista, en lugar de intentar forzarse o forzar al otro a encajar en un modelo que termina resultándoles restrictivo y empobrecedor.

CAPÍTULO 18

Desengañados

No necesitas leer este capítulo.

Puedes saltártelo si sientes que hemos acumulado ya suficientes cosas en qué pensar. Detente en ese caso unos minutos más en el epílogo y da el libro por terminado.

Tendrías motivos para hacerlo. Bastante hemos trabajado y cuestionado hasta aquí como para pretender todavía dar un paso más. Porque este capítulo habla de algún modo sobre ideales. Dibuja algunos escenarios, improbables o singulares, respecto de cómo podríamos comportarnos frente a la infidelidad si estuviéramos desprovistos de prejuicios e, incluso, de miserias.

No lo estamos ni, posiblemente, lo estaremos y por eso todo lo que discutiremos aquí está un poco en el campo de la fantasía. Aunque eso no significa (y por eso decidí mantener el capítulo en el libro) que no podamos aprender algo de todo ello.

Me alegro por ti

No es novedad que algunos grandes descubrimientos se han hecho gracias a un error o a una casualidad. Alexander Fleming descubrió la penicilina cuando un hongo contaminó accidentalmente un cultivo de bacterias y dejó a su alrededor un halo en el que los microbios no crecían. Friedrich August Kekulé identificó la estructura circular del benceno, luego de soñar la imagen de Uróboros, la serpiente que muerde su propia cola.

De forma más modesta, Naranjo también llegó a algo valioso gracias a un error:

Un día sonó el teléfono en casa de Naranjo y Olivo. Olivo no estaba y Naranjo respondió.

—¿Hola?

—¿Naranjo? —dijo una voz desconocida al otro lado del auricular.

—Sí.

—Mi nombre es Aloe. Olivo y yo somos amantes.

A Naranjo la presentación le pareció tan teatral que hasta le causó gracia y le hizo concluir que se trataba de una broma. A Olivo y sus amigos siempre les habían gustado las bromas un tanto pesadas. Naranjo creyó saber incluso quién podría estar detrás de aquella llamada y decidió seguirle la corriente:

—¿No digas? Mira qué bien.

—Así es —afirmó con vigor la voz en el teléfono—. Somos amantes desde hace un año.

—¡Ya me parecía! —exclamó Naranjo con tono jocoso—. Ya veía yo que estaba de muy buen humor estos meses.

Hubo un silencio. Acaso la persona al teléfono estaba algo desconcertada. Pero continuó:

—Nos vemos todos los jueves por la noche. Tenemos sexo hasta cansarnos.

—¡Me alegro! —dijo Naranjo—. Últimamente yo he estado con mucho trabajo y hemos tenido más bien poco sexo... ¿sabes? ¡Qué bueno que Olivo lo esté disfrutando!

—Bueno... y... —*Aloe, si es que ése era su nombre, parecía buscar qué decir*—, eeehhh... *¡Vamos a tener un hijo!*

—*¡Fantástico! —redobló Naranjo—. ¡Qué maravillosa noticia! Desde que los chicos se fueron de casa Olivo quiere tener otro hijo. ¡¡Será tan feliz!!*

Aloe intentó un par de provocaciones más, pero Naranjo continuaba divirtiéndose con la "broma" y respondía cada vez con nuevas felicitaciones y alegría por Olivo. Finalmente, casi a punto de colgar con desazón el teléfono, Aloe lanzó un último dardo:

—*¡Y el suéter color vino que llevó a tu casa el otro día se lo regalé yo!*

El detalle era preciso y Naranjo comprendió, de pronto, mientras se cortaba su respiración, que no había tal broma. Todo (salvo lo del hijo), era cierto.

La angustia inundó su cuerpo y, llorando, colgó el teléfono.

El episodio siguió el mismo trayecto que muchas otras infidelidades. Una crisis inicial, seguida de una fase de tensa calma y luego un proceso de reparación. Olivo terminó aquella relación con Aloe y continuó con Naranjo.

Sin embargo, el malentendido inicial le había dejado a Naranjo algo interesante.

Cuando otro intenta ridiculizarnos, una respuesta posible es encontrar un modo de decirle: "lo que me dices no me hace ni mella". Ésa fue la estrategia que Naranjo se propuso utilizar para defenderse de la broma. Es como si hubiese pensado: el otro intentará provocarme, tratará de humillarme con la infidelidad de mi pareja, me contará detalles, señalará las cosas que supuestamente yo no puedo darle... Y el modo de que eso no me afecte, el modo de decirle "no me importa, lero, lero..." será sostener, tozudamente: eso no dice nada de mí, es un tema de Olivo y yo lo tomaré así. Incluso, me alegraré de ello.

En su intento de voltearle la jugada al supuesto bromista había encontrado, intuitivamente, una postura inexpugnable para defenderse de una infidelidad. Podríamos formularla ahora de este modo:

—El modo de contrarrestar el ataque hacia mí, es centrarme en lo que esto significa para mi compañero o compañera.

Es casi imposible adoptar una postura así frente a una infidelidad verdadera. Están en juego demasiadas cosas personales. Tampoco sería, creo, del todo deseable. Implicaría desoír algunas cuestiones que el suceso podría estar diciendo de nuestra pareja.

Sin embargo, no por ello deja de ser interesante comprobar que, si llegásemos alguna vez a adoptar una postura como ésta, seríamos, en efecto, invulnerables a la infidelidad.

Como dicen los niños, no nos haría ni mella.

Incluso, tal vez, nos alegraría:

—¿Has vivido tu sexualidad intensamente? Me alegro por ti.

—¿Has comprobado que todavía eres deseable cuando ya dudabas de ello? Me alegro por ti.

—¿Has vivido algo de una vida que no has elegido? Me alegro por ti...

No estoy proponiendo que aceptemos esta perspectiva cabalmente.

Estoy diciendo que sería beneficioso, al menos, tenerla presente.

Después de todo… se supone que el amor debería empujarnos a ver con agrado aquello que es bueno para quien amamos. Es cierto que el amor no tiene por qué consentir cosas que me hagan daño a mí mismo… Pero aun así: ¿no deberíamos guardar algún lugar para la idea de que lo que ha sucedido fue algo valioso para alguien que yo amo? ¿No debería eso entrar también dentro de nuestras consideraciones?

Amores impuros

Mi impresión es la de que el *puro amor* nos inclinaría siempre a ser benévolos y aun indulgentes con quien nos ha sido infiel. Al puro amor le bastaría la felicidad del ser amado para sentir alegría. Lo que sucede, claro, es que con el amor se mezclan muchos otros sentimientos y aspectos que no podemos ni debemos ignorar.

Juntando esta idea y mucho de lo que hemos discutido a lo largo de todo el libro, podríamos imaginar una conversación idílica, paradójicamente *desengañada*, entre dos que se encuentran frente a la evidencia de una infidelidad:

—Estuviste con alguien más.

—Sí.

—Entonces no me amas.

—No es cierto.

—Pues en todo caso, no soy yo lo único que amas.

—Es verdad.

—No lo soporto.

—Entonces eres tú quien no me ama.

—No es cierto.

—Pues en todo caso no es amor lo único que sientes por mí.

—Es verdad.

Estas dos verdades (que amamos a otras personas además de a nuestra pareja y que sentimos por él o ella otras cosas además de amor) tal vez no sean tan difíciles de aceptar, pero son difíciles de vivenciar. Cuando comprobamos en carne propia cualquiera de las dos (que no somos únicos o que no es puro amor lo que el otro siente por nosotros), podemos sentirnos decepcionados.

Hemos hablado bastante de la primera. Cabe ahora detenernos al menos un momento en la segunda. ¿Qué es lo que hace que, en ocasiones como las que hemos venido discutiendo, no podamos simplemente alegrarnos por lo que nuestro compañero experimenta? ¿Qué es lo que se interpone? Creo que lo que sucede es esto: cuando estoy en pareja quiero que seas feliz, sí... pero también quiero ser, la mayoría de las veces, partícipe de esa felicidad, e incluso quiero ser, al menos algunas veces, el causante de tu felicidad.

Cuando, como en la infidelidad, me encuentro con algo que te gratifica pero de lo que no soy partícipe ni, menos aun, causante, me resulta mucho más difícil ponerme feliz por ti.

Soy yo (y no lo soy)

¿Es posible reconciliar estas intenciones? ¿Es posible encontrar un modo de actuar que incluya regocijarme con tu felicidad o tu crecimiento sin desatender mis deseos de participar de ello?

No es, de seguro, sencillo.

Sin embargo, si lográramos ubicarnos en esta delgadísima

línea, tal vez encontraríamos los mejores modos de pasar a través de la infidelidad y llegar más allá, a un terreno prácticamente inexplorado, virgen y que imagino, radiante.

Conozco pocas personas que se hayan acercado a esta posición acaso sublime. La mayoría de nosotros, con suerte, la hemos avistado a lo lejos. De las historias que me han llegado, la que mejor ilustra esta acabada manifestación del amor es la que retrata la novela *Seda*, de Alessandro Baricco;[1] seguramente, una de las novelas más bellas que jamás han sido escritas.

Corre el siglo XIX, Hervé Joncour vive en Francia y comercia gusanos de seda. Debe viajar a Japón, a la otra punta del mundo, en busca de los preciosos huevos. Su mujer Hélène, lo espera amorosamente en su casa durante los largos meses que duran aquellos viajes.

En su travesía, Hervé se enamora de la que parece ser la concubina del hombre más poderoso de todo Japón. Nunca cruzan una palabra. Tan sólo miradas y gestos. Silenciosas insinuaciones y sutiles mensajes de amor y deseo. Es un romance leve, casi impalpable, como la seda.

La guerra estalla sin embargo en Japón y Hervé Joncour ya no podrá regresar. Unos meses después recibe una carta escrita con ideogramas japoneses. "Amado señor mío...", comienza la carta que luego narra, con precioso erotismo, cómo harían el amor, lenta, delicadamente: "morderé la piel que late sobre tu corazón, porque te deseo...". "No nos veremos más", concluye la carta. "Lo que era para nosotros, lo hemos hecho."

Hervé deja el comercio. Él y su mujer, Hélène, se retiran a vivir una vida apacible en la campiña francesa. Unos años más tarde, Hélène muere a causa de una infección. Tiempo después Hervé hará un descubrimiento que arrojará una nueva luz sobre su vida: la autora de la lujuriosa carta es Hélène. Con ayuda de una antigua dama japonesa había escrito aquel mensaje, surgido sin duda de la amalgama entre lo que de algún modo había llegado a saber del amor secreto de su esposo y su propia imaginación.

La novela es hermosa.

En parte, seguramente, debido a las dulces y escuetas palabras de Baricco.

Pero quizás también porque el acto de Hélène es bello en sí mismo.

Lejos de condenar la transgresión de su esposo, ella rescata los deseos que él llevaba a ese otro vínculo y les da una nueva dignidad. Los eleva y acaricia, en lugar de rebajarlos a la sordidez de lo clandestino.

Hélène no sólo no intenta impedir que esos deseos se manifiesten sino que se ocupa de abrir un espacio para que su esposo pueda vivenciarlos.

Pero no lo hace de forma resignada. No es un sacrificio.

Al escribir la carta Hélène se vuelve parte de la historia. No está ya excluida. Vive también algo de lo que ella quiere vivir. Logra ser la mujer a la que Hervé desea. Que es y no es, ella misma.

Quizá de modo no menor, también le pone fin a la cuestión. Ayuda a su marido a que concluya ese pendiente que cargaba consigo. Ahora podrá volver a ella.

Las situaciones y propuestas que se narran en este capítulo pueden resultar algo extravagantes. La intención no es sugerir que las pongamos en práctica sino que las mantengamos en el horizonte. Sea para utilizarlas de guía, sea para contemplar su misteriosa armonía.

Epílogo

Este libro no es un elogio de la infidelidad. Ni siquiera una defensa.

Pretende ser, más bien, una oda a la pareja, al amor y a la libertad.

Si he intentado, a lo largo de todas estas páginas, suavizar el sesgo atroz que a menudo se percibe en la infidelidad, no es para facilitarle un salvoconducto a quienes se han embarcado en una relación clandestina ni, mucho menos, para favorecer que lo hagan quienes se encuentran frente a ese umbral.

Mi intención ha sido, desde un comienzo, la de darle a cada infidelidad su dimensión adecuada para poder así contrastarla con la importancia que tienen para cada uno de nosotros la pareja y la familia.

Mi impresión, de la que espero haberte convencido, es que, en la gran mayoría de los casos, lo que una infidelidad puede decir de nuestra pareja, de ti o de mí, no llega a ser suficiente para descartar todo lo que tenemos juntos.

He intentado demostrar que, si la infidelidad resulta tan devastadora, es más por las ideas que tenemos sobre ella que por sus efectos o significados intrínsecos.

Si, en muchos capítulos, he criticado la exclusividad sexual como mandato incuestionable no es porque descrea de la fidelidad, sino porque estoy convencido de que un vínculo sano sólo florece en un espacio de comprensión y libertad.

Si te he invitado, abierta o solapadamente, a no condenar de modo tan duro las transgresiones que tu pareja o tú mismo podrían cometer, no es porque crea que son inocuas sino porque la restricción, el control y el castigo son aún más nocivos.

Todo lo que he dicho parecería empujarnos a esto: ser más tolerantes frente a la perspectiva de la infidelidad y más compasivos en el caso de que llegase a suceder.

Quizás en mi intento de sostener esta postura haya pecado de exceso de vehemencia. Si he parecido impiadoso por momentos o incluso insensible en alguna oportunidad, debo pedir disculpas. En mi defensa diré que la tarea que me impulsaba me parece de la más extrema importancia. Si permitimos que ciertas ideas respecto del amor, del sexo y de la exclusividad crezcan fuera de control, terminan por corroer nuestra pareja y pueden finalmente derrumbarla.

En la tarea de identificar esos prejuicios y moldear nuevas formas de pensar, se juega tal vez la oportunidad de que numerosas parejas se eviten un final inapropiado y, frecuentemente, inmerecido.

Notas

Capítulo 1. El dogma de la fidelidad

[1] *Éxodo*, 20, en *Nueva Biblia Internacional*, consultada en biblegateway. com, Bíblica, 2015.

[2] Mateo, 5, en *ibid*.

[3] Muhammad Al-Bujari, *Sahih Al-Bujari*, Oficina de Cultura y Difusión Islámica Argentina, 2003.

[4] *Bhagavad-Gita*, traducción de Vladimir Antonov, consultado en swami-center.org, 2009.

[5] Edmundo Fayas Escuer, "Babilonia y el sexo", *nuevatribuna.es*, 27 de febrero de 2017.

[6] Lino González Veiguela, "Adulterio: ¿dónde sigue siendo un crimen?", *esglobal.org*, 29 de agosto de 2018.

[7] Erin Blakemore, "Adultery Is Now Legal in South Korea", *Smithsonian. com*, 26 de febrero de 2015.

[8] Soutik Biswas, "Adultery No Longer a Criminal Offence in India", *BBC News*, Delhi, 27 de septiembre de 2018.

[9] Deborah Rhode, *Adultery: Infidelity and the Law*, Harvard University Press, 2016.

[10] I. Longhi-Bracaglia, "El adulterio dejará de ser delito en México", *elmundo.es*, 24 de marzo de 2011.

[11] Rosana Villegas, "Nuevo código civil y comercial: la infidelidad ya no es causa para un divorcio", *Diariouno.com*, 1 de agosto de 2015.

[12] Adrian J. Blow y Kelley Hartnett, "Infidelity in Committed Relationships II: A Substantive Review", *Journal of Marital and Family Therapy* 31(2) (2005): 217-233.

[13] Na Zhang, William Parish, Yingying Huang y Suiming Pan, "Sexual Infidelity in China: Prevalence and Gender-Specific Correlates", *Archives of Sexual Behavior* 41(4) (2012): 861-873.

Capítulo 2. Situación actual de la infidelidad

[1] Pamela Dukerman, *Lust in Translation*, Penguin Press, 2007.

[2] K. Mark, E. Janssen y R. Milhausen, "Infidelity in Heterosexual Couples: Demographic, Interpersonal and Personality-related Predictors of Extradyadic Sex", *Archives of Sexual Behaviour* 40 (2011): 971-982; A. Martins, M. Pereira, R. Andrade, F. M. Dattilio, I. Narciso y M. C. Canavarro, "Infidelity in Dating Relationships: Gender-specific Correlates of Face-to-face and Online Extradyadic Involvement", *Archives of Sexual Behaviour* 45(1) (2016): 193-205.

[3] K. Mark, E. Janssen y R. Milhausen, *art. cit.*

[4] Anna McAlister, Nancy Pachana y Chris J. Jackson, "Predictors of Young Dating Adults' Inclination to Engage in Extradyadic Sexual Activities: A Multi-perspective Study", *British Journal of Psychology* 96(3) (2005).

Capítulo 3. Consecuencias de la infidelidad

[1] Paul R. Amato y Denise Previti, "People's Reasons for Divorcing", *Journal of Family Issues* 24(5) (2003): 602-626.

[2] Demián Bucay, *Manual para estar en pareja*, Océano, 2017.

Capítulo 4. La necesidad de cuestionar

[1] George Orwell, *1984,* Debolsillo, 2013.
[2] Margaret Atwood, *El cuento de la criada*, Salamandra, 2017.

Capítulo 5. Argumentos biológicos

[1] Christopher Ryan y Cacilda Jethá, *Sex at Dawn*, Harper Perennial, 2011.
[2] Helen Fischer, *Anatomy of Love*, Norton, 2017.
[3] Lana Wachowski y Lilly Wachowski, *Sense8 (*serie), 2015.
[4] Javier Marías, *Cuando fui mortal*, Alfaguara, 1996.

Capítulo 6. Argumentos sociológicos

[1] Homero, *Odisea,* Austral, 1990.
[2] William Tucker, *Marriage and Civilization*, Regnery, 2014.
[3] Mateo, 5, en *Nueva Biblia Internacional*, consultada en biblegateway. com, Bíblica, 2015.
[4] Franco La Cecla, *Déjame, no juegues más conmigo*, Siglo XXI, 2006.
[5] William Shakespeare, *Tragedias. Othello, el moro de Venecia*, RBA editores, 1994.
[6] Ian McEwan, *On Chesil Beach*, Anagrama, 2008.
[7] Aldous Huxley, *Un mundo feliz*, Debolsillo, 2013.
[8] Kazuo Ishiguro, *Nunca me abandones*, Anagrama, 2005.
[9] Lana Wachowski y Lilly Wachowski, *Matrix* (film), 1999.
[10] Marco Brambilla, *Demolition Man* (film), 1993.

Capítulo 9. La revelación

[1] Aziz Ansari, *Modern Romance*, Penguin Press, 2015.

Capítulo 10. ¿Por qué lo hiciste?

[1] S. Glass y T. Wright, "Sex Differences in Type of Extramarital Involvement and Marital Dissatisfaction", *Sex Roles* 12(9-10) (1985): 1101-1120.

[2] D. C. Atkins, D. H. Baucom y N. S. Jacobson, "Understanding Infidelity: Correlates in a National Random Sample", *Journal of Family Psychology*, 15(4) (2001): 735-749.

[3] Adrian J. Blow y Kelley Hartnett, "Infidelity in Committed Relationships II: A Substantive Review", *Journal of Marital and Family Therapy* 31(2) (2005): 217-233.

Capítulo 11. El desamor

[1] Esther Perel, *Mating in Captivity*, HarperCollins, 2006.

[2] Javier Marías, *Cuando fui mortal*, Alfaguara, 1996.

Capítulo 12. Ilusiones rotas

[1] Bernhard Schlink, *Amores en fuga*, Anagrama, 2002.

Capítulo 13. La ruptura de la promesa

[1] Gabriele Muccino, *El último beso* (film), 2002.

Capítulo 14. La vergüenza del engañado

[1] J. K. Rowling, *Harry Potter y el prisionero de Azkaban*, Salamandra, 2000.

Capítulo 17. Nuevos acuerdos

[1] Esther Perel, *The State of Affairs*, HarperCollins, 2017.
[2] Franklin Veaux y Eve Rickert, *More Than Two*, Thorntree Press, 2014.
[3] Diego Kaplan, *Dos más dos* (film), 2012.
[4] Dan Savage, "Savage Love. Monogamish", *thestranger.com*, 20 de julio de 2011.

Capítulo 18. Desengañados

[1] Alessandro Baricco, *Seda*, Anagrama, 1997.

Fuentes

Al-Bujari, Muhammad, *Sahih Al-Bujari,* Oficina de Cultura y Difusión Islámica Argentina, 2003.

Amato, Paul R. y Denise Previti, "People's Reasons for Divorcing", *Journal of Family Issues* 24(5) (2003): 602-626.

Ansari, Aziz, *Modern Romance,* Penguin Press, 2015.

Atkins, D. C., D. H. Baucom y N. S. Jacobson, "Understanding Infidelity: Correlates in a National Random Sample", *Journal of Family Psychology,* 15(4) (2001): 735-749.

Atwood, Margaret, *El cuento de la criada,* Salamandra, 2017.

Baricco, Alessandro, *Seda,* Anagrama, 1997.

Bhagavad-Gita, traducción de Vladimir Antonov, consultado en swami-center.org, 2009.

Biswas, Soutik, "Adultery No Longer a Criminal Offence in India", *BBC News,* Delhi, 27 de septiembre de 2018.

Blakemore, Erin, "Adultery Is Now Legal in South Korea", *Smithsonian.com,* 26 de febrero de 2015.

Blow, Adrian J. y Kelley Hartnett, "Infidelity in Committed Relationships II: A Substantive Review", *Journal of Marital and Family Therapy* 31(2) (2005): 217-233.

Brambilla, Marco, *Demolition Man* (film), 1993.

Bucay, Demián, *Manual para estar en pareja,* Océano, 2017.

Dijkstra, Pieternel, Dick P. H. Barelds y Hinke A. K. Groothof, "Jealousy in Response to Online and Offline Infidelity: The Role of Sex and Sexual Orientation", *Scandinavian Journal of Psychology* 54(4) (2013): 328-336.

Dukerman, Pamela, *Lust in Translation*, Penguin Press, 2007.

Fayas Escuer, Edmundo, "Babilonia y el sexo", *nuevatribuna.es*, 27 de febrero de 2017.

Fischer, Helen, *Anatomy of Love*, Norton, 2017.

——, *Why We Love, Why We Cheat* (video), TED Talks, 2004.

Glass, S. y T. Wright, "Sex Differences in Type of Extramarital Involvement and Marital Dissatisfaction", *Sex Roles* 12(9-10) (1985): 1101-1120.

González Veiguela, Lino, "Adulterio: ¿dónde sigue siendo un crimen?", *esglobal.org*, 29 de agosto de 2018.

Harris, Thomas, *Yo estoy bien tú estás bien*, Debolsillo, 1992.

Homero, *Odisea*, Austral, 1990.

Huxley, Aldous, *Un mundo feliz*, Debolsillo, 2013.

Ishiguro, Kazuo, *Nunca me abandones*, Anagrama, 2005.

Kaplan, Diego, *Dos más dos* (film), 2012.

Klein, Ezra y Joe Posner, *Explained* (serie), cap. 3: *Monogamy*, 2018.

La Cecla, Franco, *Déjame, no juegues más conmigo*, Siglo XXI, 2006.

Leeker, Olivia y Al Carlozzi, "Effects of Sex, Sexual Orientation, Infidelity Expectations, and Love on Distress Related to Emotional and Sexual Infidelity", *Journal of Marital and Family Therapy* 40(1) (2014): 68-91.

Longhi-Bracaglia, I., "El adulterio dejará de ser delito en México", *elmundo.es*, 24 de marzo de 2011.

Marías, Javier, *Cuando fui mortal*, Alfaguara, 1996.

——, *Mañana en la batalla piensa en mí*, Alfaguara, 1994.

Mark, K., E. Janssen y R. Milhausen, "Infidelity in Heterosexual Couples: Demographic, Interpersonal and Personality-related Predictors of Extradyadic Sex", *Archives of Sexual Behaviour* 40 (2011): 971-982.

Martins, A., M. Pereira, R. Andrade, F. M. Dattilio, I. Narciso y M. C. Canavarro, "Infidelity in Dating Relationships: Gender-specific Correlates of Face-to-face and Online Extradyadic Involvement", *Archives of Sexual Behaviour* 45(1) (2016): 193-205.

McAlister, Anna, Nancy Pachana y Chris J. Jackson, "Predictors of Young Dating Adults' Inclination to Engage in Extradyadic Sexual Activities: A Multi-perspective Study", *British Journal of Psychology* 96(3) (2005).

McEwan, Ian, *On Chesil Beach*, Anagrama, 2008.

Muccino, Gabriele, *El último beso* (film), 2002.

Norona, Jerika C., Alexander Khaddouma, Deborah P. Welsh, y Hannah Samawi, "Adolescents' Understandings of Infidelity", *Personal Relationships* 22(3) (2015): 431-448.

Nueva Biblia Internacional, consultada en biblegateway.com, Bíblica, 2015.

Orwell, George, *1984*, Debolsillo, 2013.

Pazhoohi, Farid, Cátia Silva, Luís Pereira, Marco Oliveira, Paulo Santana, Rui Rodrigues y Joana Arantes. "Is Imagination of the Infidelity More Painful than Actual Infidelity?", *Current Psychology OnlineFirst* (2017): 1-7.

Perel, Esther, *Mating in Captivity*, HarperCollins, 2006.

_____, *Rethinking Infidelity* (video), TED Talks, 2013.

_____, *The State of Affairs*, HarperCollins, 2017.

Rhode, Deborah, *Adultery: Infidelity and the Law*, Harvard University Press, 2016.

Riso, Walter, *La fidelidad es mucho más que amor*, Océano, 2000.

Rolón, Gabriel, *Encuentros, el lado B del amor*, Planeta, 2012.

Rowling, J. K., *Harry Potter y el prisionero de Azkaban*, Salamandra, 2000.

Ryan, Christopher y Cacilda Jethá, *Sex at Dawn*, Harper Perennial, 2011.

Savage, Dan, "Savage Love. Monogamish", *thestranger.com*, 20 de julio de 2011.

Schlink, Bernhard, *Amores en fuga*, Anagrama, 2002.

Shakespeare, William, *Tragedias. Othello, el moro de Venecia*, RBA editores, 1994.

Strauss, Neil, *The Truth*, HarperCollins, 2015.

Thompson, Asley E. y Lucia F. O'Sullivan, "I Can but You Can't: Inconsistencies in Judgments of and Experiences with Infidelity", *Journal of Relationships Research*, 7, e3 (2016): 1-13.

Tucker, William, *Marriage and Civilization*, Regnery, 2014.

Veaux, Franklin y Eve Rickert, *More Than Two*, Thorntree Press, 2014.

Villegas, Rosana, "Nuevo código civil y comercial: la infidelidad ya no es causa para un divorcio", *Diariouno.com*, 1 de agosto de 2015.

Wachowski, Lana y Lilly Wachowski, *Matrix* (film), 1999.

————, *Sense8 (*serie), 2015.

Zhang, Na, William Parish, Yingying Huang y Suiming Pan, "Sexual Infidelity in China: Prevalence and Gender-Specific Correlates", *Archives of Sexual Behavior* 41(4) (2012): 861-873.